Visualización de Datos & Storytelling

Jose Berengueres

y

Marybeth Sandell

Editado

por

Bárbara Covarrubias

Traducción de la edición del inglés
"Introduction to Data Visualization & Storytelling"
por Angels Berengueres

Copyright texto © Jose Berengueres
Excepto donde se indique lo contrario, obras de arte,
portada y dibujos © por Jose Berengueres
ISBN: 9798619677812

Resumen visual

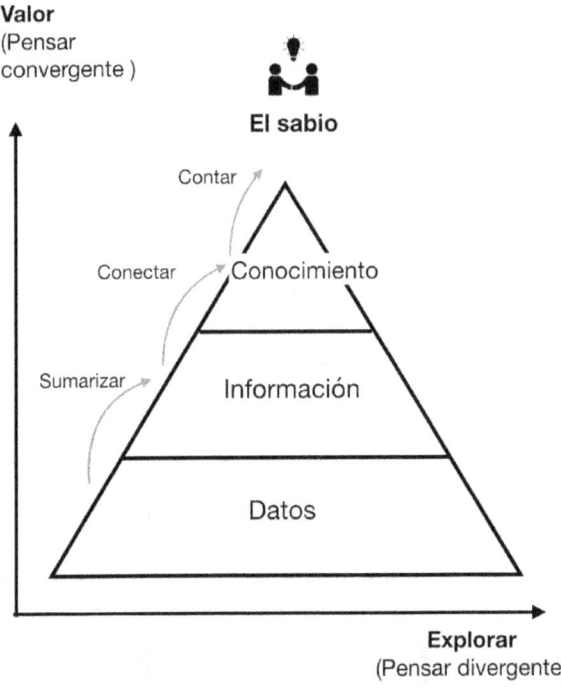

Cadena de valor y modos de pensamiento. Este diagrama representa el modelo Datos-Información-Conocimiento-Sabiduría (DICS). También conocido por las siglas DIKW (proveniente de Data, Information, Knowledge, Wisdom). También es el mejor resumen del libro. En este libro aprenderá tres cosas: (i) Cómo sumarizar, para transformar datos en información; (ii) Cómo conectar, para transformar información en conocimiento y; (iii) Cómo contar un historia, para transformar conocimiento en sabiduría que moviliza. Las flechas en este gráfico son la novedad y contribución de este libro.

Científico de Datos   Diseñador

Científicos y diseñadores viven en mundos separados y van a escuelas diferentes, pero para hacer buenos gráficos hay que combinar conocimientos de los dos. Foto: Campaña I am a Mac, I am a PC. TBWA Worldwide (2006-2009).

Índice

Resumen visual 3

Índice...5

Prefacio 8
    ¿Por qué hay tanto gráfico malo?..9
    Muerte por Excel 10
    Antes de visualizar, pregúntese por qué...............................11
    Cómo usar este libro...13
    Actualizaciones de esta edición 13
    Ejercicios 13
    ¿Cómo conseguir las diapositivas a color?...........................14

Capítulo 1. Datos, Historias y Narrativas.......................................15
    ¿Qué son los Datos? 16
    La diferencia entre Datos y el Saber 18
    ¿Qué es la Sabiduría?...20
    Significado vs. Información..24
    ¿Qué son las Historias? 28
    ¿Cómo evaluar la Ética? 34
    Cuestionario sobre el Capítulo 1 39
    Caso de estudio: Storytelling el cambio climático 41

Capítulo 2. Información 43
    ¿Cómo transformar Datos en Información?.........................46
    El Encaje Gráfico-Narrativa..50
    Gráficos centrados en Humanos 54
    ¿Sexismo en su gráfico? 57
    Las 8 reglas para gráficos Excelentes 58
    ¿Cómo afecta la gravedad a su gráfico?...............................59
    Guerra de gráficos: ¿Tortas o Barras?...................................61
    Cuestionario sobre el capítulo 2..63

Capítulo 3. Conocimiento 66
¿Cómo aplicar marcos para crear conocimiento? 67
¿Cómo visualizar la inclusión? 71
El ganador se lleva todo 76
Todo o nada 78
El marco económico BRICS 80
Cuestionario sobre el Capítulo 3 85

Capítulo 4. Sabiduría 87
Caso: La política de Innovación en Singapur 88
¿Cómo usar rankings? 89
¿Cómo usar diagramas de dispersión para planificar? 92
Prever con reversión a la media 94
¿Cómo usar mapas 2D para la estrategia de Negocio? 97
La matriz de Nichos 99
La tabla Periódica 100
La matriz de Habilidades 102
La matriz de Innovación 103
Mapas de Estrategia 107
Mapas de Life Coaching 108
Gráficos para exploración interactiva 113
Cuestionario sobre el Saber 115

Capítulo 5. Storytelling 117
Utilice flechas para liberar la imaginación 119
¿Cómo simplificar un gráfico de barras? 120
¿Cómo simplificar un gráfico de torta? 121
Use personajes para ganarse la audiencia 122
Visualizando grandes diferencias 123
El dinero global en Perspectiva 125
¿Cuántos paneles solares para un país entero? 128
Explicando sesgo de edad con humor 131
¿Cómo usar la proporción áurea? 133
¿Cómo usar giros en la historia? 135
Caso de estudio: Los helados Suecos 136
Caso de estudio: Al Gore y el ascensor 139
Caso: KDnuggets 141
Caso: Un relato basado en el pensamiento diferencial 151

Capítulo 6. Sesgos y Prejuicios 156
Tipos de sesgos cognitivos 157
Caso de estudio: ¿Una comida equilibrada? 159

    Sesgo en Datos 162
    Caso de estudio: Las mentiras de la Austeridad 163
    Otros sesgos en entornos visuales 164
    Caso: Los incendios forestales de las Amazonas 166
    Las 4 reglas de oro para prevenir sesgos 170
    Caso: Tweets incendiarios 172

Reconocimiento **174**

Índice alfabético **175**

Contacte **179**

Sobre los autores **180**
    José Berengueres 180
    Marybeth Sandell 181

Referencias **182**

Prefacio

Era mayo de 2018, cuando recibí un correo electrónico de Kaggle.com, la comunidad de la Ciencia de Datos donde personas de todo el mundo compiten para ver quién es el mejor modelador de datos. Algo así como las Olimpiadas de Datos. Cada año desde el 2017, el website Kaggle ha encuestado a sus usuarios sobre todo lo relacionado con datos. Desde cuánto cobran, hasta el servicio de cloud que usan. Este año, además se decidió organizar una competencia para explicar y visualizar la encuesta misma [26]. Se ofrecían varios premios en efectivo, de los cuales a la postre se me otorgó (vía Twitter) uno de $1500. Acto seguido a recibir el email, me puse a fisgonear las entradas que la gente había publicado ya en el sitio web de la competencia. ¡La verdad es que me impresionó la cantidad de tiempo y esfuerzo que la comunidad había invertido en el análisis, había entradas con más de 100 gráficos [4]! Sin embargo, también me di cuenta que la mayoría de gráficos no hacían justicia a los datos de la encuesta, que (como decimos en Barcelona) tenían mucha tela. ¿Por qué gente tan lista no produce visualizaciones más interesantes?

¿Por qué hay tanto gráfico malo?

El 80% de los científicos de datos que se graduará este año lo hará sin haber recibido ningún tipo de educación formal sobre visualización de datos, ni sobre cómo contar historias[1]. Y el 60% de ellos sitúa la visualización de datos en la parte inferior de su lista de habilidades importantes para triunfar laboralmente. Además, el hecho de que la mayor parte de los cursos de Ciencia de Datos se enseñen en las escuelas STEM, no en escuelas de Arte, no ayuda. (En realidad, como dice John Maeda, las escuelas STEM deberían aspirar a ser escuelas STEAM e incluir Arte). Claramente, si queremos mejorar la calidad de la visualización de datos habrá que reformar el sistema educativo y hacerlo más tolerante a campos que como la Ciencia de Datos son tan artísticos como son científicos. Sin embargo, para visualizar efectivamente, la sensibilidad artística no es el único requisito.

En 2001, Angla Graber acuñó el término, *Muerte por PowerPoint* para referirse a presentaciones visuales que mostraban enorme potencial de mejora porque no seguían las más básicas reglas de comunicación (una idea por

---

[1]*Estimaciones propias, ver [27]*

diapositiva, evitar poner más de cinco conceptos en una diapositiva, no leer las diapositivas y no poner demasiado texto).

Muerte por Excel

¿Muerto por PowerPoint o por Excel?

Pues bien, si en el caso de *PowerPoint* la responsabilidad de malas presentaciones recae primordialmente en la falta de entrenamiento de los usuarios de PowerPoint (Ver el libro Presentation Zen de G. Reynolds [128]). En el caso de Excel a esto hay que añadir lo complicado que es modificar el estilo de un gráfico en Excel.

Este es un aspecto al que claramente Bill Gates no prestó demasiada atención, ya que nunca asistió a una escuela de Arte, y eso queda patente en cómo Microsoft Excel trata y produce gráficos. Por ejemplo, es muy difícil ajustar las opciones de los gráficos en Excel. Un solo gráfico de barras en Excel tiene la friolera +129 opciones configurables: opciones de relleno de color, ejes, grosor de línea, tipos de línea, opciones de leyenda de posicionamiento, opciones de escala, tipo barra, opciones de espaciado. Cada opción tiene entre 2 y 10 valores posibles. ¿Cuántas combinaciones posibles tenemos con esto? Son más de 100 000 000 000 000 000 000 000 000 000 000. (Un 1 seguido de 38 ceros).

Debido a las *caprichosas* Leyes de la Estética [57], muy pocas de estas combinaciones producirán un gráfico que se libre de un cero en cualquier clase de Diseño Gráfico. Para comprender lo difícil que es la tarea de ajustar las opciones gráficas solo basta decir que hay más combinaciones posibles que estrellas en la Vía Láctea y si pasamos tan solo 3 segundos en ajustar cada una de las 129 combinaciones, tardaríamos 6 minutos y 578 clics. No ayuda a que la mayoría del software de visualización en uso hoy en día (esto se aplica a la librería ggplot también) fuera desarrollado por ingenieros sin entrenamiento en los fundamentos de la Teoría del Color, Diseño de la Información o la Comunicación Visual.

La excepción fue Steve Jobs, que tomó algunas clases de caligrafía y que atribuye a ello las fuentes hermosas de Mac. Ver biografía por Walter Isaacson [28] como un flashback de cuánto ha mejorado el campo.

Antes de visualizar, pregúntese por qué

Una tercera causa es que para producir una visualización significativa necesitamos saber *por qué* estamos visualizando. Para llegar al por qué, es importante explorar la historia que necesita ser contada y ser capaz de hacer que sea relevante. Para tener éxito en la transformación de datos primarios en una historia convincente y fácil de recordar (sticky), se necesita conectar los datos a un contexto o marco de conocimiento[2]. Los marcos provenientes de Economía, Arte, Sociología son particularmente útiles y veremos ejemplos más adelante. Sin embargo, hay que tener en cuenta que, con el fin de hacer estas conexiones, una educación multidisciplinaria es necesaria. Por desgracia, esto no es la norma. Para hacer frente a este desafío, en las siguientes páginas encontrará una serie de ejemplos, que me gustaría haber aprendido cuando era estudiante.

¡Felices visualizaciones!
Jose Berengueres
Estocolmo, 25 Oct 2019

---

[2] *También conocido como marco mental, marco de pensamiento o marco de referencia.*

Cómo usar este libro

Qué va a aprender (resultados del aprendizaje)
1. **Identificar** el papel de una narrativa en un gráfico
2. **Transformar** datos en información
3. **Sintetizar** conocimiento
4. **Aplicar** herramientas de pensamiento visual al proceso de toma de decisiones
5. **Seleccionar** técnicas de comunicación visual para persuadir
6. **Detectar** sesgos y mentiras en gráficos

Actualizaciones de esta edición

Esta edición añade un nuevo capítulo sobre el sesgo por Marybeth Sandell. Sea como fuere, tanto si usted usa este libro como material para un curso de Visualización de Datos, como en Periodismo o en una especialización de Ciencia de Datos; este libro es una excelente introducción previo a aprender Tableau, Excel o Pandas Python.

Ejercicios

Hay varios ejercicios en este libro por lo que es útil tener papel y pluma a mano.

¿Cómo conseguir las diapositivas a color?

Este libro nació de un taller de visualización y es usado en varias universidades como KAIST, UAE University y Cornell entre otras. Para conseguir las diapositivas en color envíen un correo electrónico a jse@ieee.org con el asunto "DATAVIZ101" y una captura de pantalla del recibo de compra y recibirá un e-mail con un link para descargarlas.

Capítulo 1. Datos, Historias y Narrativas

Fig 1 *Estas tres revistas publican la mayoría de los gráficos más influyentes en diversas disciplinas. Ninguno de ellos está hecho con Excel³.*

Antes de visualizar, hallamos los datos. Sin embargo, antes de trabajar con datos, es importante entender qué es el conocimiento. ¿Qué es el conocimiento para usted? En este capítulo, aprenderá tres cosas; (i) La **diferencia** entre los Datos, la Información y el Conocimiento; (ii) Qué es la **Sabiduría** y, (iii) Cuál que el **proceso** para producir Conocimiento.

---

³*"Toma demasiado tiempo poner el estilo que deseas en una tabla usando R o Excel. Al final es más rápido usar Adobe Illustrator"- Marybeth Sandell, ex jefe de la oficina de Londres, Bloomberg.*

¿Qué son los Datos?

Ejercicio: Ordene los conceptos

¿Qué son los datos para usted? Siempre comenzamos los talleres de visualización de datos con este ejercicio. Considere las siguientes ideas

                       Conocimiento

     Datos

                          Sabiduría

                      Información

Ahora, ordénelas lógicamente

_____ > _____ > _____ > _____

Fig 2 *Un ejercicio para entender qué son datos en relación con el conocimiento.*

La palabra Datos tiene muchas definiciones. Sin embargo, para entender, no hay nada como hacer[4] un ejercicio. ¿Puede ordenar las cuatro palabras: ¿Datos, Conocimiento, Información y Sabiduría? La mayoría de los estudiantes se va a plantear el siguiente orden:

Datos > Información> Conocimiento> Sabiduría

Una vez que el orden de las palabras se ha acordado, podemos hablar de los criterios de orden. ¿Por qué los ordenamos como lo hicimos? Esta es una gran conversación de inicio. Para conectar a tierra la conversación, será aún de más ayuda identificar los atributos de las palabras de los extremos. ¿Cuáles son los atributos que distinguen a los Datos frente a la Sabiduría?

---

[4]*Hay varias maneras de aprender algo. Escuchando, hablando de ello, mediante su lectura y al hacerlo. De los cuatro, "hacerlo" tiene el índice más alto en la de tasa de recuerdo.*

La diferencia entre Datos y el Saber

Ejercicio: Compare los conceptos

Dado el siguiente ordenamiento enumere al menos tres atributos que describan que son los datos y tres que describan que es la sabiduría.

Datos > Información > Conocimiento > **Sabiduría**

_____   _____

_____   _____

_____   _____

Fig. 3 Un ejercicio utilizado para entender la flecha del valor entre los Datos y la Sabiduría [56].

Solución

Datos ---------------------------> Sabiduría

abundancia   escasez

_____   _____

_____   _____

***Fig 4** La flecha de valor.*

Los datos son muchos mientras que la sabiduría está concentrada. Los datos son abundantes, la sabiduría es escasa. El valor se correlaciona estrechamente con la escasez también [59]. Este ejercicio es excelente para aclarar la confusión generalizada entre los Datos, la Información, el Conocimiento y su relación con el valor, la escasez y la Sabiduría.

¿Qué es la Sabiduría?

El proceso de síntesis

Datos -------------------------> Sabiduría

Fig 5 *Esta flecha representa un proceso.*

El gran *Jackie Chan* dice en una de sus películas, *"La información no es conocimiento, y el conocimiento no es sabiduría"*. Pero, ¿qué es la sabiduría? ¿Es la sabiduría sólo el conocimiento en su contexto? ¿Es el conocimiento meta sabiduría? - ¿Conocimiento sobre el conocimiento? Y lo más importante, ¿Saber en qué situación se aplica a un conocimiento determinado? Incluso si la definición no es universal, lo que interesa más aquí es cómo transformar el conocimiento en sabiduría. ¿Por qué? Debido a que es una actividad de un alto valor añadido y una de las razones (si no la única razón) por la que las empresas emplean a científicos de datos. Una forma de llegar a la sabiduría es el **proceso de síntesis**; la combinación dialéctica de la *tesis* y la *antítesis* en una verdad superior. Practiquemos con un famoso ejemplo basado en piezas de Lego.

Ejercicio: Una las palabras

Conecte cada palabra clave con una de las cuatro configuraciones de Lego mostradas. Tiempo de 1 minuto. Palabras a conectar: Datos, Información, Conocimiento, Sabiduría.

Fig 6 *Un ejercicio utilizado para comprender lo que es la sabiduría[5].*

---

[5]*Origen de la imagen de Lego: LinkedIn, meme anónimo.*

Solución

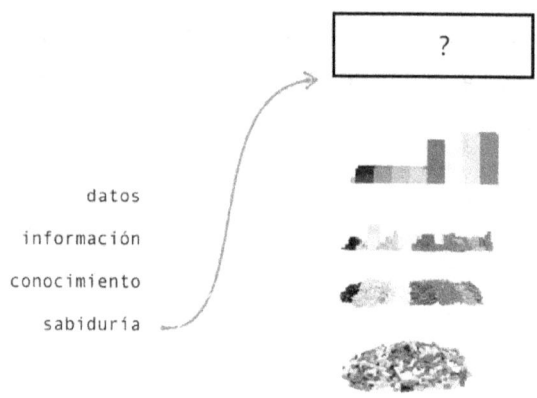

Fig 7 Para resolver este ejercicio, pensar fuera de la caja.

En este ejercicio, los estudiantes deben unir las palabras a una configuración de Lego. Cada pieza de Lego representa un dato. El ejercicio de Lego es una gran manera de aclarar que la Sabiduría (y en cierta medida el Conocimiento) no es sólo la representación de los datos organizados y presentados visualmente.

Vamos a hacer zoom en este caso. Imagínese que usted es el CEO de Lego y esta información le ha sido presentada. ¿Puede mapear las palabras a las imágenes? ¿Dónde mapea a la sabiduría? En este ejercicio la sabiduría no corresponde realmente a ninguna de las cuatro configuraciones mostradas, ya que la sabiduría es algo más que la presentación y organización de datos. En otras palabras, la sabiduría es saber **dónde** aplicar el conocimiento. Un posible ejemplo de sabiduría en este caso es: "No tenemos ninguna pieza de Lego de color rosa en este conjunto. ¿Por qué pasa esto? ¿Estamos ciegos a algún importante segmento de clientes? ¿Las ventas no son óptimas debido a eso?" Note cuánto conocimiento valioso surge cuando **conectamos** nuestra información (no hay piezas de color rosa) a otro conocimiento existente (estudios de género + marketing).

Significado vs. Información

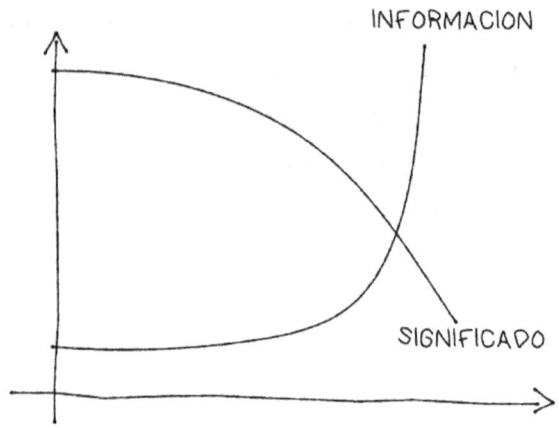

***Fig 8** "No hay paz en más"[6].*

Una versión de este gráfico (***Fig 8***) fue originalmente publicada por Hugo McLeod, el autor de "Ignorar a todos". Cuando vi por primera vez este gráfico, me sentí fascinado por el. Luego traté de encontrar defectos en el gráfico. Pero no hay defectos. Es una obra maestra. Estaba desconcertado por su simplicidad[7]. El eje 'Y' es Entropía[8], medida en número de bits. En otras palabras, cantidad de información objetiva. El eje 'X' es una secuencia ordenada (no continua y no tiene unidades). Es un ordenamiento de los casos (ejemplos de visualización, o otros gráficos o

---

[6] *Karin Schütz, Altromondo Yoga, Estocolmo.*
[7] *Véase también "cómo detectar ideas geniales" en Ogilvy & Publicidad [41]*
[8] *Véase también, Entropía de Shannon.*

charts) que el autor clasifica en sentido descendente, a lo largo del eje 'X' y para cada caso se representan dos puntos en el eje 'Y'. ¡A continuación, el autor bebe de su propia medicina y simplifica el gráfico al reducir toda la información que no sea esencial para entregar el "Momento Aha!": Menos (información) es más (significado). La línea con la etiqueta información se llama a veces "palo de hockey". Es una función exponencial. La línea con la etiqueta "significado" traza un arco parabólico hacia abajo. Lo que significa este gráfico es que **no** es posible tener significado con sobrecarga de información.

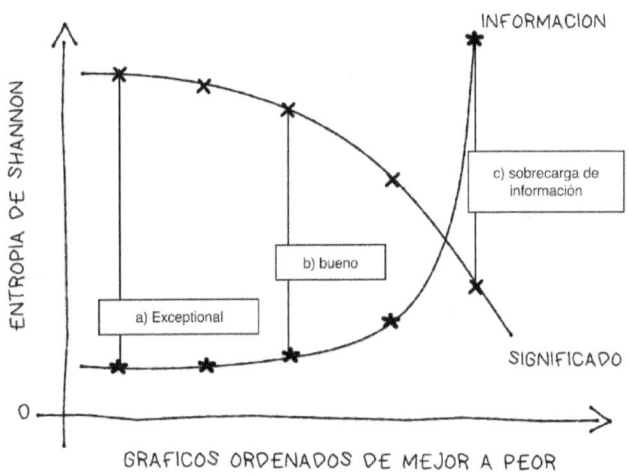

Fig 9 *Una deconstrucción científica de la gráfica de McLeod.*

Ejercicio: Resuma 20 páginas

Resumir las 20 páginas anteriores en 20 palabras o menos. Tiempo de 3 minutos.

_____

Ahora, visualícelo

Solución

Fig 10 Una metáfora visual basada en el modelo DICS[9].

Reflexión

Cuando se realiza un taller, este ejercicio es una gran manera de llamar la atención sobre el punto de resumen vs. síntesis. Un resumen es un proceso de simple reducción, mientras que la síntesis está demostrando una comprensión del tema, relacionándolo con otros sujetos, en última instancia, es la adición de valor a través del pensamiento conectivo. En la **figura 10**, se resumieron la relación entre los datos y la sabiduría a través de la metáfora de la pirámide (valor = altitud). Este es un gran ejemplo de un resumen visual del capítulo, mientras que también es un buen ejemplo de síntesis.

Ahora que hemos aprendido la diferencia entre los datos y el conocimiento y cómo transformar el conocimiento en

---

[9]*Las siglas D-I-C-S provienen de (Datos – Información – Conocimiento – Sabiduría) en inglés se conoce como D-I-K-W (Data – Information – Knowledge – Wisdom).*

sabiduría, vamos a ver el papel de las narrativas en los gráficos.

¿Qué son las Historias?

Ejercicio: Rellene con un verbo

Llene el espacio con un verbo. Ejemplo: "los Datos _____ historias". Tiempo de 3 minutos.

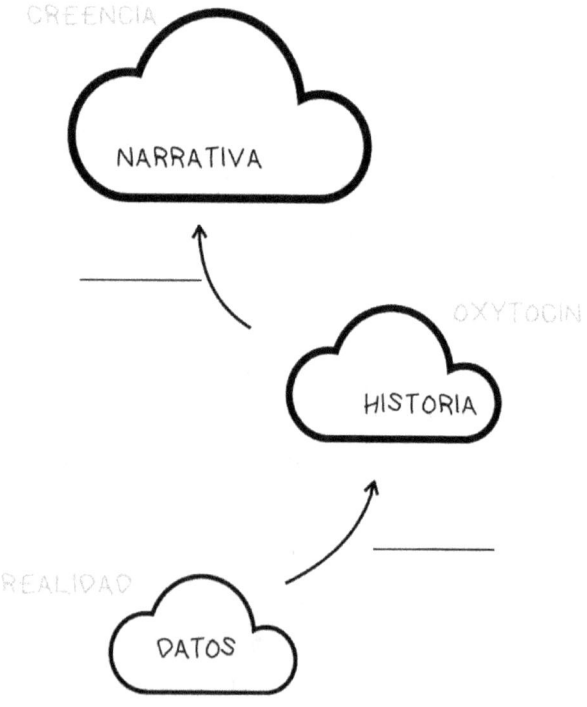

Fig 11 *Un ejercicio utilizado para entender la diferencia entre los relatos y cuentos.*

Solución

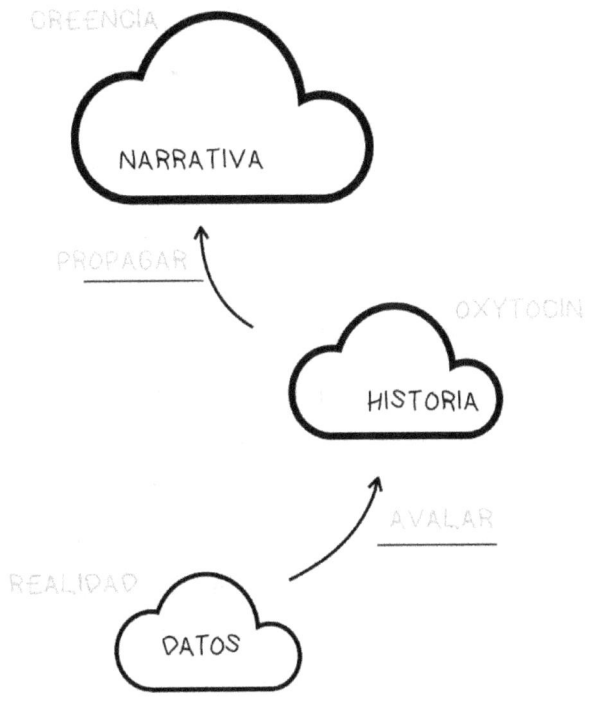

***Fig 12** La plantilla de nube, utilizar cuando las cosas son borrosas [86].*

La función de los cuentos

Para entender lo que es una narración, en primer lugar, hay que entender lo que es una **historia**. Una historia es un relato de los acontecimientos. A los humanos nos encantan los cuentos. ¿Por qué? Contar y consumir historias es adictivo. Por ejemplo, escuchar una fábula de Esopo, leer un libro, y ver una película, todo ello libera oxitocina en el cerebro, hormona de sentirse bien. Es por eso que las personas se vuelven adictas a series de Netflix, las telenovelas venezolanas e incluso a los libros de ficción.

La historia oral se piensa que es el método más antiguo para el intercambio de narrativas. Desde una perspectiva antropológica, durante la infancia, las narrativas se utilizan para formar a los niños en comportamientos y valores. Esto se hace generalmente a través de cuentos.

¿Qué es la Narrativa?

Una narrativa es un conjunto de creencias, valores o visión del mundo. Por lo tanto, la narrativa elegida *interpreta* el relato (y por lo tanto los datos subyacentes / realidad). Un ejemplo popular en la cultura Europea es que los niños, especialmente las niñas jóvenes, no deben confiar en extraños. Un cuento que promueve esta narrativa es la historia de Caperucita Roja, un cuento que data del siglo X. En las fábulas, la narrativa se explicita al final del cuento en forma de **moraleja**. Otro ejemplo de narrativa es la famosa Fear, Uncertainty, Doubt (FUD, por sus siglas en inglés) que se traduce como Miedo, Incertidumbre, Duda (MID). También se conoce como una estrategia de desinformación utilizada para frustrar intentos de cambio en el *status quo* [32-34]. Se dice que IBM fue una de las primeras empresas que cotizan en el Dow Jones en usar FUD abiertamente. Una ejemplificación fue: "Nadie es despedido por comprar un IBM".

Ethos, Pathos y Logos

Debido a que el objetivo de una historia es persuadir, los relatos, historias y los datos están relacionados con las tres modalidades de la persuasión de Aristóteles: El Ethos, el Pathos y el Logos [49]. La narrativa se relaciona con el **Ethos** (la apelación a los valores éticos), el relato está relacionado con el **Pathos** (la apelación a las emociones), y los datos que apoyan la historia están relacionados con el **Logos** (la apelación a la lógica).

Ejercicio: Brexit Bus

Identificar la narrativa, la historia, los datos y la llamada a la acción en esta foto. Tiempo de 2 minutos.

Fig 13 Un autobús del Brexit, Reino Unido. Foto original de David Beeson.

En el bus se lee: Enviamos a la UE 350 millones a la semana, fundemos nuestra salud pública en vez de ello. Vote Salir de la Unión Europea. ¡Recuperemos el control!

Solución

Fig 14 Anotaciones de un estudiante.

A primera vista, la historia del bus Brexit es un ejemplo de una narrativa donde un grupo de fuera roba a un grupo de dentro. Pero es más que eso. De hecho, el autobús apela a mucha gente porque está conectado a cuatro relatos: (i) apelación a los instintos tribales del grupo interior para luchar contra los "extraños"; (ii) hacerlo por el bien común es ético; (iii) la lucha contra la injusticia es muy ética; y (iv) la maximización de la utilidad de un recurso es de sentido común.

Estas narrativas fueron usadas de manera brillante en el bus Brexit. Posteriormente se demostró que los números impresos en el autobús eran mentiras, pero ya no importaba. Esta historia apeló a los votantes a favor del Brexit y los movilizó.

¿Cómo evaluar la Ética?

Las narrativas, datos, e historias pueden (y deben) ser evaluadas por su nivel ético. Para ello, hay cuatro puntos de vista de uso común [35]. Cada uno maximiza criterios éticos diferentes. Para cada uno, la opción que será más ética es la que maximiza ciertos principios o política. Veámoslos.

1. Punto de vista de la **Utilidad** (Ver utilitarismo). Según este paradigma ético, ante una disyuntiva la elección más ética es la que resulte con la mayor felicidad total en el mundo sin distinción de raza, grupo o estatus social

2. Punto de vista del **bien común**. Según este paradigma, la opción mas ética será la que maximice el bienestar para la sociedad por encima de grupos de interés o individuos.

3. **Justicia**. Según este paradigma la opción más ética es la que priorice la equidad del resultado.

4. **Virtud**. Según este paradigma la opción más ética es la priorice un conjunto de valores (o reglas) **predefinidos** a priori como por ejemplo la Constitución.

La diferencia entre Equidad e Igualdad

Fig 15 La equidad (equity) no es lo mismo que igualdad (equality). "Instituto de Interacción para el cambio social", Angus Maguire.

Ejemplos de Virtudes

- "Liberté, égalité, fraternité" [91]
- "Los diez mandamientos"
- El Bushido, el camino del samurái

¿Qué son los dilemas Éticos?

Los llamados dilemas éticos surgen cuando el conflicto entre los marcos aparece. Además, también pueden surgir dilemas cuando diferentes regiones en el cerebro (amígdala vs. lóbulo frontal) evalúan una situación con resultados opuestos. Ver el Dilema del Tranvía en [36].

Para ser más Ético, considere más alternativas

Para ser ético uno necesita considerar por lo menos dos opciones. Muchas veces, nos encontramos con opciones subóptimas simplemente porque las alternativas no fueron ni siquiera consideradas. Por lo tanto, antes de la difusión de una imagen visual, consideremos siempre como mínimo **dos** alternativas. Una vez tenemos dos alternativas, aplicar un marco apropiado para clasificar las alternativas. (Si algo va mal, al menos, se puede mostrar que siguió un proceso). ¿Cómo usar metáforas visuales?

Ejercicio: La metáfora del avión

Resumir la relación entre historia, narrativa y datos en una imagen visual titulada **Elementos de visualización efectiva** que utilice un avión como metáfora. Llenar los espacios en blanco. Tiempo 3 minutos.

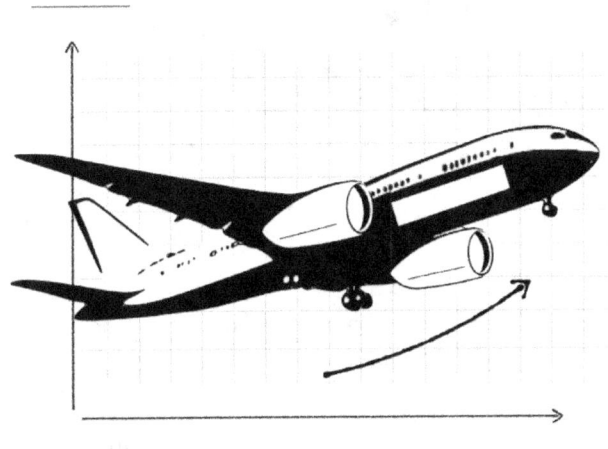

Fig 16 *Metáforas visuales con anotaciones, una combinación ganadora.*

Solución

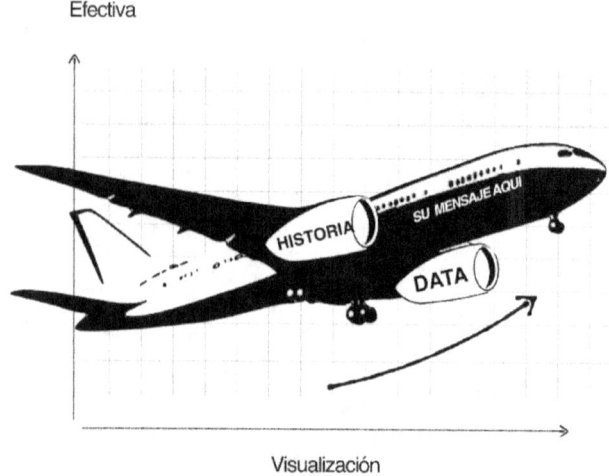

Fig 17 *No permita que palabras como 'narrativa' estorben una gran historia.*

De acuerdo con esta imagen visual, para convencer a los demás se necesita:

1. Un porqué o una narrativa (mensaje)

2. Una historia (para ayudar a asimilar el mensaje)

3. Los datos para dar credibilidad a la historia

4. Una manera de visualizar la historia (las metáforas ayudan)

La carga útil es la narración (su mensaje) y usted es el piloto.

Cuestionario sobre el Capítulo 1

¿Verdadero o Falso? Tiempo 5 minutos.

1. Una historia es un relato de acontecimientos. [Verdadero/Falso]

2. El consumo de la historia libera oxitocina. [V / F]

3. El propósito de una historia es abogar (transmitir/perpetuar) una narrativa (una creencia, una cultura, una ideología). [V/ F]

4. Una narración que no se inserte en el cerebro humano, no puede ser viral, no es fácil de recordar. [V / F]

5. Si su historia (gráfico, visualización) no trasmite alguna narrativa, se sentirá como si no tuviera propósito. [V / F]

(Solución en la página siguiente)

Solución

1. Una historia es un relato de acontecimientos [V / F]. Cierto. Para ganar perspectiva sobre esta cuestión véase también el trabajo de Lisa Feldman, How Emotions Are Made [88].

2. El consumo de la historia libera oxitocina [V / F]. Cierto. Para obtener más información sobre la bioquímica de la narración y su función en la evolución véase [89-90].

3. El propósito de una historia es abogar (transmitir/perpetuar) una narrativa (una creencia, una cultura, una ideología). [V / F]. Cierto. Véase también [89-90].

4. Una narración que no se inserte en el cerebro humano, no puede ser viral, no es fácil de recordar. [V / F]. Cierto. El mensaje de una narrativa en su forma sucinta no suele ser viral. Historias en forma de anuncios, películas y libros son más adecuadas para convertirse en virales.

5. Si su historia (gráfico, visualización) no trasmite alguna narrativa, se sentirá como si no tuviera propósito. [V / F]. Cierto.

Caso de estudio: Storytelling el cambio climático

Tiempo 15 minutos. Búsqueda en Internet: Permitida. En agosto de 2019 Greta Thunberg zarpó de Europa a una conferencia sobre el clima de la ONU en el otro lado del Atlántico. Identificar los datos, la historia y la narrativa en esta historia.

Fig 18 *A diferencia de Al Gore en 2006, Greta Thunberg no usó gráficos científicos para transmitir su mensaje[10].*

---

[10]*En 2006, Al Gore [100] contrató al estudio de Nancy Duarte para hacer su famosa gráfica de presentación del CO_2. Un elevador de tijera se utilizó en el escenario para demostrar que el nivel CO_2 está "se sale de la gráfica". Al Gore fue posteriormente criticado por la emisión de una gran cantidad de CO_2 por sus numerosos viajes en jet.*

Solución

Narrativa (ejemplo de respuestas)

1. El desvalido gana al poderoso
2. Cambio de roles
3. La Familia disfuncional"
4. El cambio climático es una emergencia

Historia

(Resumido). "Ustedes puede que sean adultos, pero no son lo suficientemente maduros para entender esta emergencia. Si lo fueran, no habrían volado en jet a la conferencia como lo hicieron. Podrían haber usado Skype o viajar en velero como yo para reducir su huella de carbono. Por lo tanto, son ustedes no yo (una niña), los que se están comportando como inmaduros..." Ver discurso completo en [92].

Datos

1. Mira las grandes olas detrás de mí, esto va en serio, esto no es una broma.
2. Viajo en velero no en jet = es posible reducir la huella de carbono.
3. La situación es suficientemente mala para saltarme las clases de la escuela
4. Viajar por aire en jet produce CO_2, pero hay alternativas. ¡Mira!

Capítulo 2. Información

Cómo transformar Datos en Información

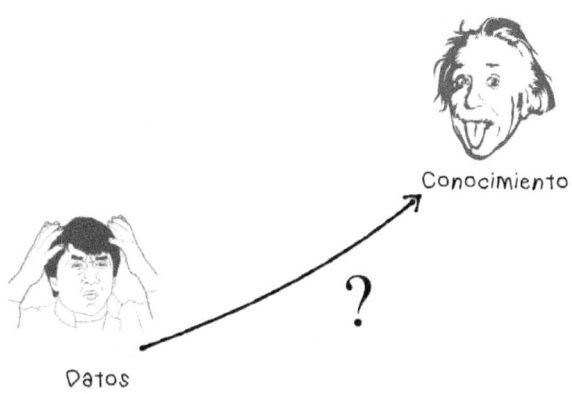

Fig 19 La creación de conocimiento a partir de información. ¿El secreto para ganar el premio Nobel?

En este capítulo, aprenderá a transformar los Datos en Información, un requisito previo para producir conocimiento. En otras palabras[11], cómo hacer que sus gráficos sean más fáciles de usar para mostrar información de forma **efectiva**.

---

[11] *Desde una perspectiva UX un gráfico fácil de usar es un grafico útil.*

"La base de un gráfico útil es rara vez el diseño gráfico"

La mayor parte de los libros publicados sobre Visualización de Datos ponen el foco en cómo crear gráficos y cómo hacerlos legibles. Algunos de ellos dedican un considerable número de páginas a relacionar todos los tipos de gráficos disponibles por ahí y utilizar la lógica de gráfico bueno / gráfico malo para evidenciar cómo un pequeño retoque puede mejorar o romper la legibilidad de un gráfico. Otros dan consejos sobre el color y lo importante que es no saturar su gráfico con colores, (ver también el término *Gráficos Basura* acuñado por Tufte [50]). Esto es útil para mejorar la legibilidad y la estética (i.e. transformar datos en información), pero no es suficiente para transformar la información en conocimiento. El paso previo a crear saber (sabiduría). En el mundo de la consultoría de negocio el saber (know-how) es también conocido como *Análisis Prescriptivo*[12]. Y mientras que las deficientes opciones de color pueden matar la legibilidad de cualquier gráfico, centrarse en la estética es el equivalente a centrarse en el tipo de letra a alguien que solo quiere aprender a escribir. Después de todo, el libro de Harry Potter no se convirtió en un éxito de ventas debido al tipo de fuente que utilizaron (Times New Roman).

En la misma línea, la raíz de malos gráficos se halla

---

[12]*La analítica se divide generalmente en tres categorías según la función: descriptiva, predictiva y prescriptiva.*

normalmente en el paso de transformar datos a conocimiento (Ver nivel dos en la pirámide D-I-C-S en la pagina 1), no en el uso de estéticas subóptimas. En este capítulo, usted aprenderá estas destrezas via ejemplos. Empecemos con los datos sobre la distribución por género de la encuesta Kaggle 2018, una de las mayores comunidades de datos en todo el mundo.

¿Cómo transformar Datos en Información?

Ejercicio: Visualice el género

Visualice la tabla de abajo. Tiempo de 3 minutos.

Respuestas de la encuesta

Femenino	16,8%
Masculino	81,4%
No Sabe	1,4%
No Contesta	0,3%

Tabla 1. Resultados de una encuesta global sobre distribución del genero de científicos de datos. Fuente: Kaggle, 2018.

Solución

Gráfica generado con la librería *Matplotlib*[13]

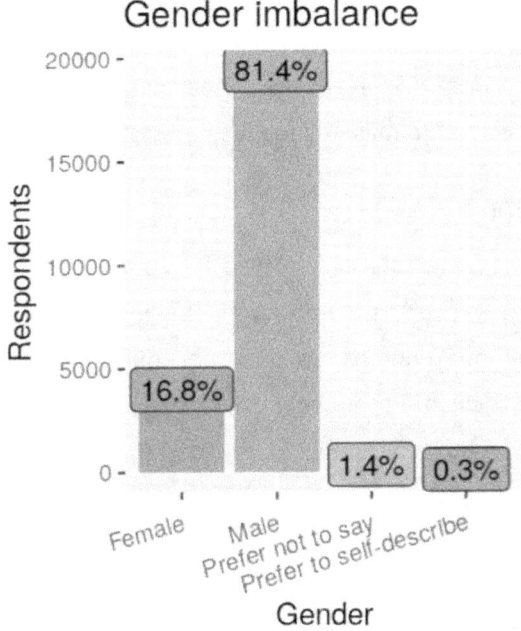

Fig 20 *Esta gráfica Matplotlib con opciones por defecto utiliza **cuatro** tamaños de fuente diferentes, y seis escalas de grises/colores.*

---

[13] *Matplotlib es una librería de visualización de datos popular en el entorno de programación Python*

Ejercicio: Tipos de Información

¿Qué es la **figura 20**? ¿Datos, Información o Conocimiento? ¿Por qué? Razone su respuesta. Tiempo 2 minutos.

Solución

Es sólo información. No es conocimiento, ya que no es significativamente más útil que los datos originales.

Reflexión

A menos que esté en un Análisis Exploratorio de Datos preliminar (AED[14]), no es una buena idea diseminar un gráfico si no tenemos claro el por qué (narrativa) del gráfico. E incluso si produce muchos gráficos como parte de su trabajo, resista la tentación de mostrarlos todos solo por el mero hecho de haber invertido mucho esfuerzo en hacerlos. En este caso (**Tabla 1**), se nos pedía visualizar la distribución por género de los que contestaron la encuesta 2018 Kaggle. El género fue una de las más de 30 preguntas de la encuesta que fue respondida por unos 30 mil encuestados. La **figura 20** es el gráfico que resulta con las opciones por defecto cuando usamos la popular librería *Matplotlib* en Python. Este gráfico está perfectamente bien. Es informativo, objetivo. El problema es que no hay mensaje, no hay un respuesta a ¿Por qué hizo usted este gráfico? Carece de un propósito claro. ¿Por qué? Una de las

---

[14] *En inglés E.D.A de Exploratory Data Analysis.*

razones es que no está conectado a ninguna narrativa. Otra razón es que no aumenta nuestro conocimiento. ¿Nos está ayudando a ser más sabios? ¿Está facilitando la función *analítica prescriptiva*? ¿Cómo haría este gráfico más útil? En otras palabras, ¿Cómo crearía usted valor?

Ejercicio: Dibuje 3 alternativas

Dibuje aquí seguido, por lo menos **tres** gráficos alternativos (mejores) a la **figura 20**. Tiempo 3 minutos. (Solución en la página siguiente).

El Encaje Gráfico-Narrativa

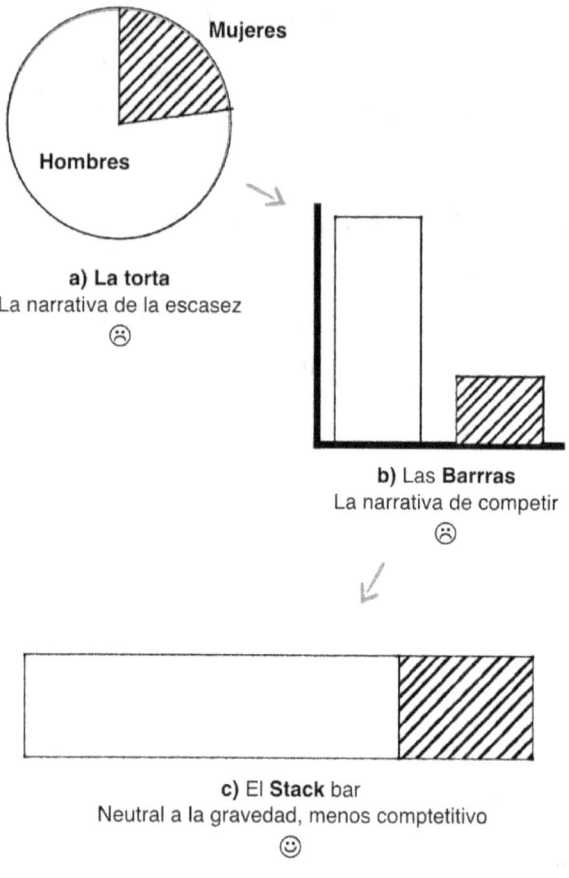

Fig 21 Tres formas de visualizar datos sobre género.

Ejemplo paso a paso

La **figura 21** muestra la misma información que la **figura 20** de tres maneras diferentes, con (a) gráfico circular, (b) gráfico de barras, y (c) gráfico de barra apilada (stack bar en inglés) horizontal. Vamos a considerar el proceso que seguimos para producirlos. Lo dividimos en cuatro pasos.

1 Simplifique

Consideramos solo hombres y mujeres e ignoramos los otros dos grupos de valores atípicos. Si quisiéramos explorar el tópico de géneros no binarios (no sabe, no contesta de la tabal 1) ello merecería un gráfico aparte. Recuerde, solo puede haber una idea[15] por gráfico.

2 Evite sobrecarga de colores

En la **figura 21.b,** los hombres (género masculino) están representados en blanco y las mujeres (féminas) en la zona rayada. Evitamos el color, porque podemos. Los colores se cargan con simbolismos [31], en escala de grises esto pasa con menos frecuencia. La conjugación de colores es un arte muy sutil, que es fácil subestimar. ¿Por qué utilizar más de seis colores sin la formación adecuada en Diseño Gráfico? También hemos eliminado las guias, los números y las etiquetas de los ejes. Intercambiamos un poco de precisión por una gran ganancia en claridad.

---

[15] *Ver también* Muerte por PowerPoint.

3 Seleccione una Narrativa

Supongamos que estamos abogando por una narrativa de **equidad de género**. Aquí asumimos la narrativa equidad como una visión del mundo en la que el mundo será un lugar mejor si hay menos desequilibrio en la proporción de género [37].

4 Compruebe si la narrativa Encaja

Una vez que se establece una narrativa, la elección de una plantilla de gráficos **compatible** es el siguiente paso para transformar la Información en Conocimiento.

En este caso, los gráficos circulares, de torta, y los de barras son una elección poco efectiva. ¿Por qué? los gráficos circulares de torta están conectados a la narrativa de la cantidad de pastel que cada grupo obtiene (lucha por recursos finitos[16]), es una narración de confrontación que socava la narrativa de la equidad de género. El gráfico de diagrama de barras es también una mala elección, ya que está conectado a la narrativa de competencia y a otras narrativas ganar-perder, tales como la escasez y la visión de que los hombres y las mujeres compiten. Su utilización corre el riesgo de socavar cualquier mentalidad de crecimiento [68] o narrativa de equidad (ganar-ganar) por la que podría estar abogando. La barra apilada horizontal es

---

[16] *Desafortunadamente, los gráficos de torta circulares (pie charts) están conectados a una metáfora muy familiar, niños pelando por un trozo mas grande de tarta. Asi pues es perfecta para representar datos sobre quotas de mercado pero terrible para narrativas que no sean sobre recursos finitos.*

una mejor opción. Es horizontal, de modo que no está sujeta a la metáfora de la gravedad. (Ver gravedad y gráficos).

Ahora que hemos encontrado un **encaje** entre el gráfico y la narrativa, vamos a diseñar el gráfico de manera que sea más fácil de asimilar por personas de diferentes edades y géneros. A esto le llamamos gráficos centrados en personas[17]. Los gráficos centrados en humanos aprovechan los mismos principios que los diseños centrados en usuarios, colocándolos en el centro del proceso de diseño.

---

[17] *Human centered charts.*

Gráficos centrados en Humanos

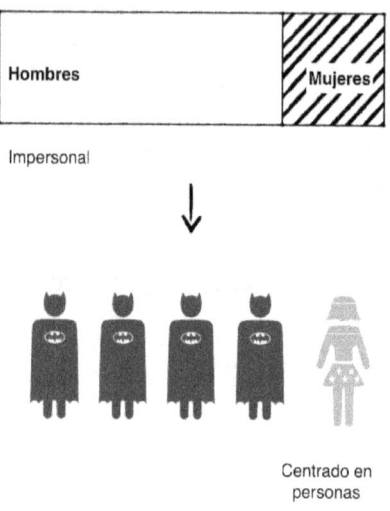

Fig 22 *Cuatro Batman y una Mujer Maravilla hacen que este gráfico sea más fácil de recordar.*

El uso de superhéroes es una gran manera de visualizar el pesado tópico de la equidad de género en entornos dominados por STEM [1-3]. También usamos la iso-medida. En un gráfico de iso-medida, cada unidad (en este caso un superhéroe) representa la misma cantidad (en este caso, alrededor de 5.000 respuestas de la encuesta). También hemos reducido el numero de iso-medidas (superhéroes) al mínimo posible (cinco) lo que significa que hay aproximación[18] de los porcentajes originales a un ratio de

---

[18] *En la tabla 1 mujeres 16.8%, hombres 81.4%. Esto resulta en un ratio*

mujeres a hombres a 1:4. Este gráfico también se puede leer de la siguiente manera: en promedio, por cada 5 personas en un equipo (habitación/reunión), uno será mujer (útil, centrado en lo humano).

Encaje de la Historia con la Narrativa

Dada la misma narrativa de **equidad de género** utilizada anteriormente, vamos a ver cómo las opciones de diseño del gráfico y la historia asociada que hemos elegido se ajustan a tal narrativa.

1. El trabajo de un superhéroe es hacer del mundo un lugar mejor, la narrativa de equidad aboga por hacer del mundo un lugar mejor. Este tema lúdico ayudará al lector a recordar el gráfico [55].

2. El iso-medida es el ser humano, al igual que los encuestados.

3. El número de héroes es inferior a siete, (estamos respetando la regla de los 7 fragmentos y no sobrecargamos al lector con información).

4. Utilizamos el humor para mejorar la eficacia de la comunicación [55].

Aplique humor

---

de 1 a 4.8452... Aquí hemos sacrificado precisión por narrativa, una de las marcas de los grandes storytellers. No deje que la sobre precisión superflua (siempre dentro de límites <u>éticos</u>), sea un palo en la rueda de su narrativa.

Muchos gráficos son **impersonales**, porque no podemos relacionarnos con ellos a través de experiencias previas. Hemos resuelto esto con los superhéroes. No obstante, si además queremos que la audiencia *recuerde* el gráfico, podemos utilizar el humor. Por ejemplo, que los científicos de datos son superhéroes, porque tienen que "pelearse" con los datos, ver el término anglosajón *data wrangling*[19].

---

[19] *Data wrangling, es un fase común en proyectos de datos. Consiste en limpiar, enderezar y filtrar los datos iniciales (raw data). Esta fase es notoriamente laboriosa ya que requiere conocimientos de manipulación de datos con expresiones regulares (regex), ingeniería de datos, conocimientos de Ingeniería de sistemas avanzados (System Engineering).*

¿Sexismo en su gráfico?

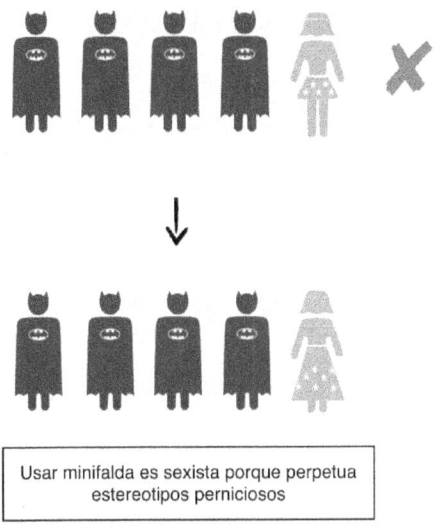

Fig 23 Verifique siempre los puntos ciegos.

Las 8 reglas para gráficos Excelentes

- ☑ El tipo de gráfico es compatible con la Narrativa
- ☑ No hay sobrecarga de tonos o colores
- ☑ Un gráfico, una historia, un mensaje
- ☑ Metáforas alineadas con la Narrativa
- ☑ No necesito leer el pie de figura (subtítulo) para entender el gráfico
- ☑ El pie de figura se utiliza como una oportunidad de **síntesis**[20]
- ☑ Ni el pie de la figura ni el subtitulo explica el gráfico de nuevo
- ☑ El riesgo de sesgo ha sido verificado por un tercero

¿Cómo comprobar el sesgo? Es importante verificar los puntos ciegos [51]. Los gráficos no son indiferentes. Es prudente pedir la opinión a diversas personas, idealmente con diferentes orígenes[21]. Véase el Capítulo 5 para más información sobre como sesgo.

---

[20] *La revista Inglesa the Economist es el ejemplo a seguir en esto. Sus pies foto y gráficos no se repiten y son de los que más le hacen reflexionar a uno.*

[21] *El Test de la Costa Este: consulte con amigos Alemanes, y Americanos de la costa Este. Estas dos poblaciones son las más sensibilizadas y estrictas frente a sesgos de genero y raciales por sus circunstancias sociales y su bagaje histórico.*

¿Cómo afecta la gravedad a su gráfico?

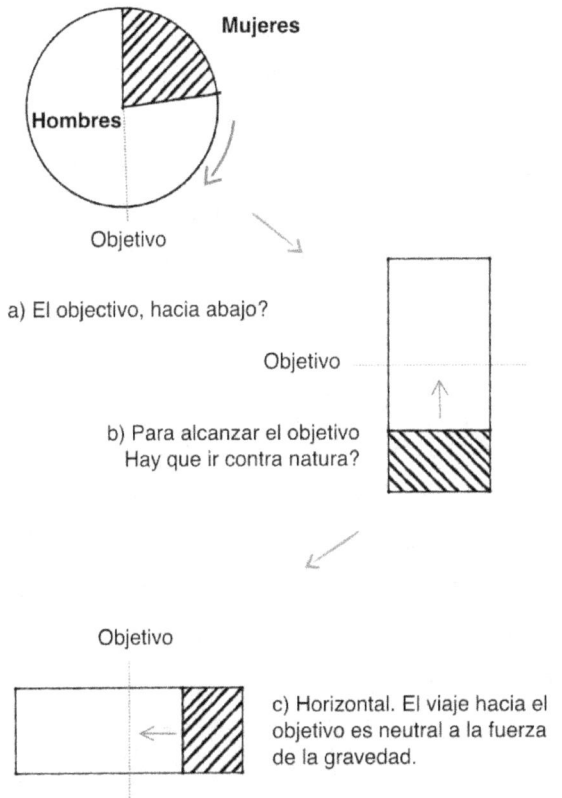

a) El objectivo, hacia abajo?

b) Para alcanzar el objetivo Hay que ir contra natura?

c) Horizontal. El viaje hacia el objetivo es neutral a la fuerza de la gravedad.

Fig 24 La gravedad da forma a todo en la Tierra, incluyendo la forma en que interpretamos los gráficos.

¿Cómo afecta la dirección de la gravedad a los objetivos?

Vamos a suponer que los gráficos han convencido a su organización que el logro de la paridad de género en la oficina es una buena meta y después de una reunión de la junta directiva se ha establecido el objetivo de llegar a una ratio de mínimo 50%. Es decir, paridad de género. ¿Cómo visualizarlo para **persuadir** y convencer al resto de la organización? Las flechas apuntan a la meta. Note cómo cuando las flechas se alinean con la dirección de las fuerza gravitatoria, la meta se percibe como más alcanzable que en el caso contrario. En el gráfico de tarta de sectores, (**Figura 24.a**), la flecha hacia abajo tiene una connotación negativa. En el **24.b**, la flecha hacia arriba, contra la gravedad, hace que el objetivo parezca más difícil de lograr. En 24.c, el gráfico horizontal es neutro a la fuerza de la gravedad y es también el más libre de connotaciones que podrían distraer de la narrativa.

Guerra de gráficos: ¿Tortas o Barras?

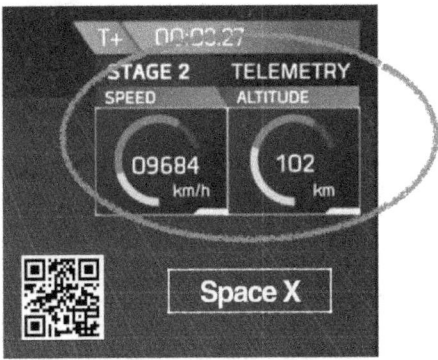

Fig 25 Musk contra Bezos. Dos visiones de la exploración espacial. Dos formas de visualizar la altitud.

¿Cuándo utilizar gráficos de tortas?

Hay una diferencia fundamental entre los gráficos circulares y gráficos de barras. El cerebro es sensible al cambio angular y (por comparación) insensible al cambio lineal [72]. Esto es particularmente cierto cuando se considera el movimiento y la sensibilidad a pequeños cambios. Si en su narrativa, destacar pequeños cambios en una variable es importante para la historia, los gráficos circulares (medidores de velocidad) son el camino a seguir. Si, por el contrario, demasiada atención al cambio es una distracción, evite gráficos circulares. Compare usted mismo. En la emisión del lanzamiento de prueba de *Blue Origin*, el cambio de actitud es apenas perceptible. Mientras que en la transmisión del lanzamiento del *Space X*, aparece en todo.

- Emisión en vivo en Blue Origin: http://bit.ly/2NHycmf
- Emisión en vivo en Space X: http://bit.ly/2XwXYxY

Cuestionario sobre el capítulo 2

¿Verdadero o falso? Tiempo 10 minutos.

1. Un gráfico de barras es una gran manera de visualizar las posibilidades de la Ruleta del Casino. [V / F]

2. Los seres humanos son más sensibles a los gráficos circulares que a los de barras. Sin embargo, en los gráficos animados donde las relaciones cambian, estos cambios son más obvios en un gráfico de barras. [V / F]

3. Un inconveniente de la tabla de iso-medida es que no se pueden utilizar metáforas o personas. [V / F]

4. Un camino para convertir información en conocimiento es el uso de una paleta con la mínima cantidad de colores posible. [V / F]

5. El propósito de una EDA es contar una historia acerca de los datos. [V / F]

(Solución en la página siguiente)

Solución

1. Un gráfico de barras es una gran manera de visualizar las posibilidades de la Ruleta del Casino [V / F]. **Falso**. Un gráfico de barras está vinculado a la narrativa xxx. La ruleta es un juego de suma cero. Un gráfico circular, un gráfico de **iso-medida** o una foto de la propia ruleta comunican posibilidades más claramente.

2. Los seres... **Falso**. Son más sensibles a los gráficos redondos / agujas en ambas situaciones.

3. Un inconveniente del gráfico de iso-medida es que no se pueden utilizar metáforas o personas con él. [V / F]. **Falso**. Es lo **opuesto**. El gráfico de iso-medida se presta a las metáforas.

4. Una manera de... **Falso**. **Evitar** la sobrecarga de información es una condición previa para el conocimiento. Sin embargo, la transformación fundamental es la utilidad. (Por lo general, conectándola a otros conocimientos).

5. El propósito de una EDA es contar una historia sobre los datos [V / F]. **Falso**. El propósito **principal** de un Análisis Exploratorio de Datos consiste en agregar y visualizar información estadística básica.

Capítulo 3. Conocimiento

¿Cómo se crea el conocimiento?

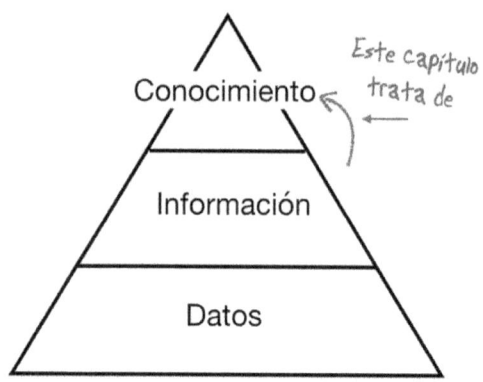

Fig 26 La pirámide <u>D-I-C-S</u> utiliza la metáfora de la gravedad. Cuanto más arriba más esfuerzo.

En el **capítulo 1** vimos que los gráficos con un por qué y un propósito claro siempre constan de un mensaje. En el **capítulo 2**, vimos un ejemplo concreto de cómo transformar los datos de género en información. En el **capítulo 3**, vamos a aprender cómo <u>sintetizar la información en conocimiento</u>. Una manera eficaz de hacer esto es mediante el uso de marcos de referencia, técnicas que ayudan a (i) **resumir**, (ii) **comparar**, (iii) poner en **relación** y, (iv) usar **metáforas** visuales. Veamos un ejemplo que usa datos de edades basados en la encuesta anterior.

¿Cómo aplicar marcos para crear conocimiento?

Vamos a echar un vistazo al gráfico de la **figura 27**. ¿Cuántos fragmentos de información se pueden contar? Tiene una sobrecarga de información. Enfoquémonos en la paleta de colores usada que consta de 12 tonos (en dispositivos Kindle 12 tonos de gris, en dispositivos a color paleta arco iris). Sin embargo, un arcoíris o 12 tonos de gris no transmite ningún significado aquí. Por el contrario, al usar 12 tonos hemos aumentado la sobrecarga de información en una la friolera de **12 fragmentos de información** [48] con una ganancia de cero en significado. (Véase información frente a significado en el cap. 1).

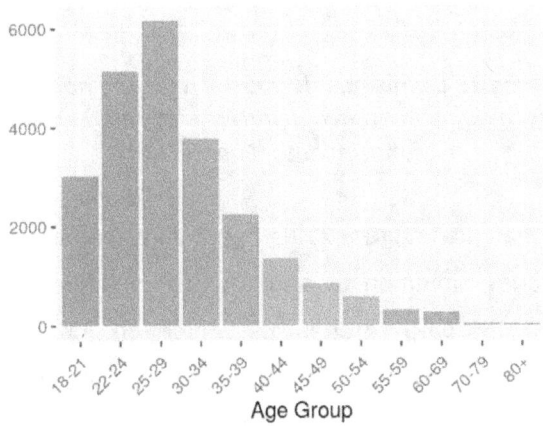

Fig 27 Una visualización por defecto ggplot de la edad de los encuestados de la encuesta Kaggle 2018. Usa 12 escalas de gris / colores.

Ejercicio: Mejore el histograma

¿Cómo podríamos hacer más útil hacer la figura

anterior? Podemos empezar por la reducción de la sobrecarga de información. Dibuje soluciones que reduzcan la sobrecarga sin perder información. Tiempo 2 minutos.

Solución

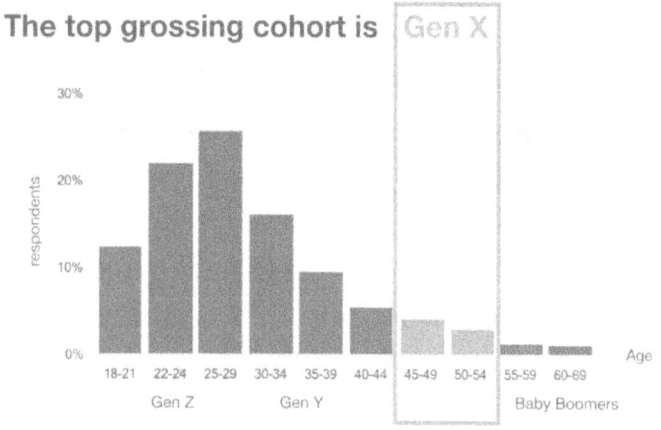

Fig 28 La misma información con una narrativa vinculada a un marco de referencia, más cerca del conocimiento. Fuente: [26]

Al igual que la **figura 27**, la **figura 28** es una distribución por edades. Sin embargo, aquí usamos un esquema de dos colores [18] para resaltar qué grupo de edad ganó la mayoría de las competencias normalizado por numero de usuarios en cada grupo. Sin embargo, en la **figura 27** tantas barras para representar tantos grupos de edad pueden abrumar a cualquier lector. Una manera de suprimir elementos y estructurar los contenedores en información **utilizable** es reducir su número y agruparlos en una forma familiar conocida. Una manera de hacer esto es reducir los grupos de edad a grupos de generación. En este caso, se utilizó un marco de referencia con el que muchos están familiarizados: generaciones en la fuerza laboral. Comprende la *Generación X, Y, Z* y los *Boomers* [5]. Por otra parte, estamos interesados en ver qué grupo es el más productivo en términos de competencias y premios en efectivo por usuario. Como todo el mundo pertenece a una generación, este gráfico puede llegar a ser muy personal[22]. ¿Qué podemos aprender de la sabiduría que cada generación ofrece? Fuente: 2018 Kaggle Encuesta Q2 ¿Cuál es su edad? [27].

Las generaciones en el trabajo

- Los **Baby Boomers**, nacidos 1946 - 1964, "marcados como adictos al trabajo" [6]
- **Gen X**, nacidos 1967 - 1977, "esta generación trabaja para vivir y llevan con ellos un cierto nivel de cinismo" [7]
- Gen Y, "**Millennials**" nacidos 1980 - 2000 "considerada la generación más educada y consciente de sí misma en el empleo" [8]
- **Gen Z**, nacidos después de 2000 - ver [9]

Halle la narrativa

*La discriminación por edad*es es la narrativa que aboga por ideas como "las personas de edad no tienen energía

---

[22] *Esta misma técnica es usada por los horóscopos.*

para ser emprendedores y no pueden innovar" [14]. Sin embargo, algunos investigadores han refutado esta afirmación con datos científicos [72]. Así pues, la **figura 28** defiende la narrativa opuesta "(En la Ciencia de Datos), las generaciones mayores son tan productivas como las generaciones más jóvenes".

Cree conocimiento

Note cómo el paso clave para crear significado (conocimiento) no solo es resumir y eliminar lo que no agrega valor, sino encontrar nuestra nueva información **dónde** es más útil. Una forma eficiente de hacer esto es aprovechar marcos de referencia existentes). En este caso hemos usado dos, (i) las generaciones en la fuerza laboral, y (ii) comparar productividad por persona (premios ganados por persona). Otra forma de crear significado es a través de metáforas visuales, tales como la pirámide. Veamos un ejemplo basado en la información sobre salarios.

¿Cómo visualizar la inclusión?

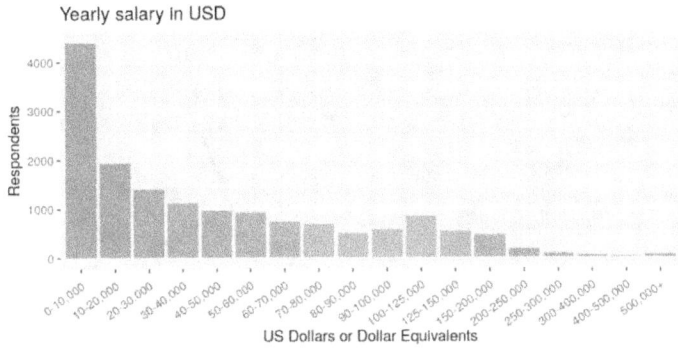

Fig 29 Una visualización ggplot2 por defecto del nivel de sueldos de la Encuesta 2018 Kaggle. Fuente Q9 ¿Cuál es su compensación anual actual? [27].

Ejercicio: Transforme la información en conocimiento

En la sección anterior, vimos un ejemplo de cómo crear conocimiento y significado al conectar la nuestros datos/información a marcos de referencia externos. Ahora vamos a hacer lo mismo pero, además, vamos a aplicar una metáfora visual. Echemos un vistazo a los datos salariales de la misma encuesta 2018. En su opinión, ¿Qué es a **figura 29**? ¿Información, Datos, o Conocimiento? Dada una narrativa de inclusión ¿Cómo crearía usted un gráfico más útil? Tiempo 6 minutos.

Sugerencia: Si el gráfico fuera un edificio ¿Dónde estarían los apartamentos de los individuos con los salarios más altos?

Paso intermedio

(Gire la **figura** un poco)

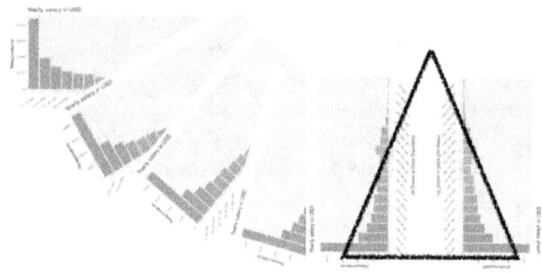

Fig 30 *Si la metáfora no se adapta a su gráfico, adapte su gráfico a la metáfora.*

Solución

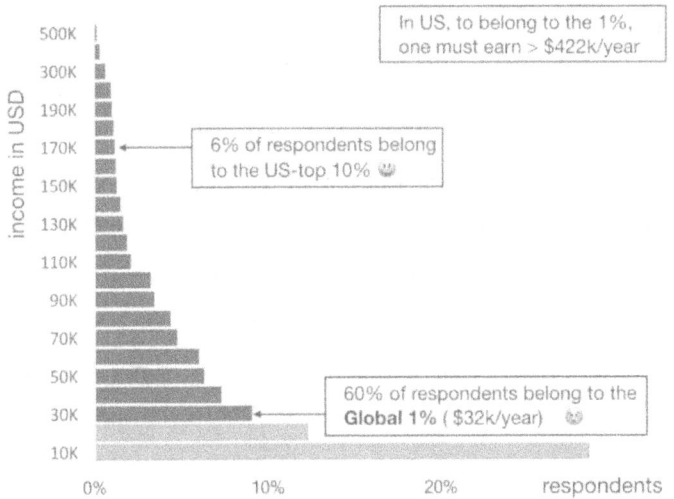

Fig 31 El uso de texto dentro de los gráficos es una gran manera de desactivar ambigüedades. Fuente: [26]

Anteriormente mencionamos la importancia del encaje entre la narrativa y el tipo de gráfico elegido. La narrativa de la **figura 31** esta conectada a un concepto llamado *brecha digital*[23] . ¿Cuán inclusiva es la Ciencia de Datos como comunidad? Como acabamos de ver en la sección anterior, una forma de crear conocimiento es relacionar nuestra información a marcos de referencia relevantes.

Las *generaciones en la fuerza laboral* fueron un ejemplo de un marco popular para pensar en la edad y la fuerza de

---

[23] *Vease también* **digital divide**.

trabajo. Ayudando al lector **a situar** la nueva información en marcos existentes hace que la nueva información sea más fácil de asimilar, utilizar y recordar. Aquí, aplicamos dos marcos de referencia y una metáfora:

(i) el ya mencionado **brecha digital**, y

(ii) el marco de ***percentiles de ingresos***[24], (un marco de análisis muy común utilizado por economistas), y

(iii) la **pirámide**, una metáfora que evoca jerarquías.

En EE.UU., para pertenecer a la élite del 1%, uno necesita ganar más de $ 422K cada año [10]. Cerca de 23 encuestados declararon que así lo hacían. Un 6% declaró que pertenecen al percentil 10%, un número muy inclusivo porque el 6% es similar al 10%. En EE.UU, el mínimo para pertenecer al top 10% por ingresos es de aproximadamente $166k [11], por lo que, si la muestra refleja bastante la distribución encontrada en la sociedad, significaría que es por lo menos de alguna manera inclusiva. Añadimos un emoji sonriente para reasegurar al lector que sí, esto es bueno. Sin embargo, esos números son para ingresos de los hogares en Estados Unidos. Cuando miramos a nivel mundial, el percentil 1% es igual a $32k de ingresos por año. Esto pone al 60% de los encuestados en el top 1%. Un 60% es muy diferente del 1%, por lo que a nivel mundial estos datos no apoyan la idea de que la comunidad sea muy inclusiva, ya que no reflejaría la distribución global. (Momento ¡Aha!) Como acabamos de ver, una forma de

---

[24] *En cuanto a percentiles, véase también el movimiento #onepercent.*

crear estos momentos es cambiar entre dos puntos de vista. Adicionalmente, acabamos de ver lo poderosas que pueden llegar a ser las metáforas visuales. Vamos a ver tres ejemplos más.

El ganador se lleva todo

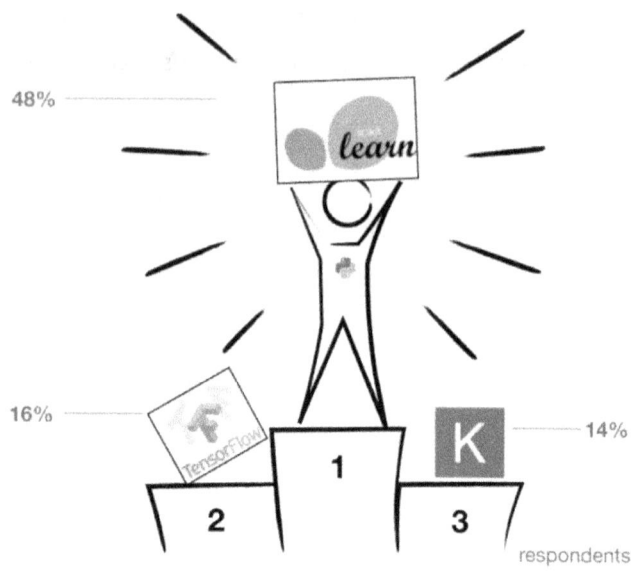

Fig 32 Las tres bibliotecas principales de Machine Learning. Fuentes: [8, 26].

En este caso, estamos visualizando que bibliotecas de Ciencia de Datos que utilizan los encuestados, utilizando la cuestión *Q20: De las opciones que seleccionó en la pregunta anterior, ¿Qué biblioteca ML utilizó más?* [27]. Dada la narrativa, el ganador se lleva todo (tan común en el mundo del software), ¿Qué metáfora visual podemos aplicar? Este gráfico es un ejemplo de menos, es más. En este caso, Sci-Kit (una famosa biblioteca científica de Python) tiene una cuota del 48%, Tensor Flow de Google tiene el 16%, seguido por Keras 14%. Veamos cómo esta visualización está conectada a la narrativa.

El encaje Gráfico-Narrativa

En escenarios de negocios con fuertes externalidades en juego, tales como una red social, un sistema operativo para teléfonos o una carrera olímpica; estar en el podio (siendo primero) tiene un efecto desproporcionado sobre la recompensa. En tales casos, el ganador se lleva todo es la narrativa normal. Pero aquí hay más. Al Antropomorfizar usando la metáfora del podio el autor no solo ha hecho que la historia sea memorable y accesible[25], sino que la narrativa se ha matizado a "La *gloria* que el ganador se merece por la gran utilidad que esta biblioteca presta a la comunidad". (*SciLearn* es de código abierto). Esta narrativa también está conectada a otros memes famosos en el mundo del software, tales como la gloria del desarrollador. Véase el famoso video de Steve Balmer "Desarrolladores, desarrolladores, desarrolladores, desarrolladores".

---

[25]*En el campo UX un ejemplo de una accesibilidad es algo con el que el usuario está familiarizado. La accesibilidad es utilizada para ayudar al usuario a comprender cómo funciona un nuevo producto. (Véase también Don Norman en El diseño de las cosas cotidianas [54])*

Todo o nada

En la sección anterior, visualizamos datos sobre las bibliotecas más populares con la narrativa de el ganador se lleva todo, aquí hacemos lo mismo pero con una narrativa diferente.

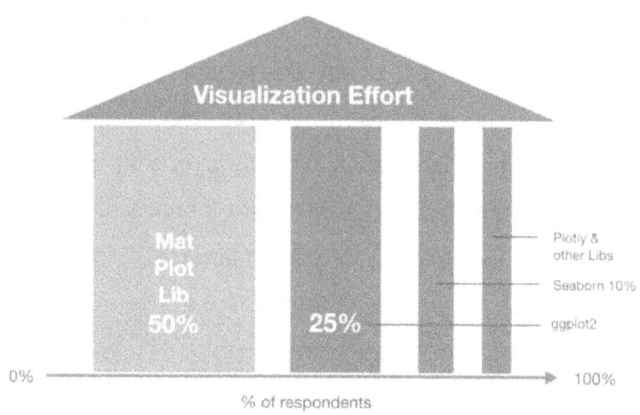

Fig 33 La casa de Shiva. Cuando un tono oscuro ocupe grandes áreas, utilizar en su lugar un tono claro.

Casa de Shiva

La **figura 33** es una combinación de (i) un gráfico *Marimekko* con (ii) un gráfico simbólico llamado Casa de Shiva [13]. La Casa de Shiva se usa para enfatizar las relaciones de todo o nada. La metáfora es que el techo cae si una sola columna se derrumba.

Simbolismo

Las columnas soportan los esfuerzos de visualización de la comunidad (carga del techo = bien común). La anchura de las "columnas" expresa cuánta carga/trabajo soporta cada columna. Las columnas delgadas representan a bibliotecas no

tan populares: D3, Shiny, Bokeh, Leaflet, Lattice. Fuente: *Encuesta Q22 ¿Qué biblioteca específica de visualización de datos o herramienta ha utilizado más?* [27].

Metáfora

El objetivo es el techo. Al igual que con una casa, la integridad del mismo se deteriora claramente si una columna es débil.

Narrativa

La narrativa es que las bibliotecas de visualización no convencionales son importantes, pero en diferente grado. Nótese aquí que si se hubiera utilizado un gráfico circular o un gráfico torta habríamos transmitido una narrativa de escasez de ganar o perder, no representando fielmente el espíritu de ganar-ganar[26] del movimiento de código abierto [111].

---

[26] *Ver también pensamiento win-win.*

El marco económico BRICS

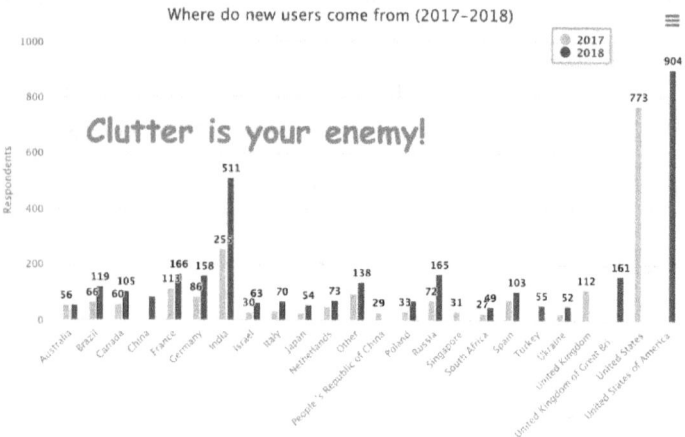

Fig 34 *Un ejemplo de pérdida de significado por sobrecarga de información. Fuente:http://bit.ly/2K7ZLBk*

Una forma común de resumir los datos internacionales es agrupándolos por países. Sin embargo, esto a menudo conduce a la confusión porque hay más de 200 países en el mundo. Otra forma común de resumir información por países, es mediante el uso de un mapa geográfico mundial. Normalmente[27] se modula el color del país con la magnitud a representar (en este caso, respuestas). Sin embargo, algunos países son muy grandes en extensión, mientras que otros países importantes se convierten en un píxel invisible en la pantalla. Esto es un desastre en términos de usabilidad.

---

[27] *Practica estándar en los dashboards de Google analytics.*

Ejercicio: ¿Cómo resumir 200 países?

Resumir la **figura 34** anterior. Hay más de 200 países. Sólo 24 se muestran en esta vista. Vista completa disponible online en [87]. ¿Cómo lo haría? Dibuje soluciones. Tiempo 5 minutos.

Solución

Si nos fijamos en la encuesta de 2018 y la comparamos con la del año 2017, hay un aumento de 1145 nuevos encuestados que se identifican como "científicos de datos". Entonces, ¿De dónde vienen los nuevos usuarios de datos científicos? La **figura 34** muestra los datos de 2018 y 2017. Sin embargo, ¡Hay demasiados países para que una persona le encuentre sentido! Recuerde que la memoria de trabajo de un cerebro humano se limita a 5-7 ítems [48], y no maneja bien visualizaciones que requieran superar ese límite. Esto significa que no podemos poner más de siete países al mismo tiempo en el gráfico. ¿Qué haría Marie Kondo [38]?

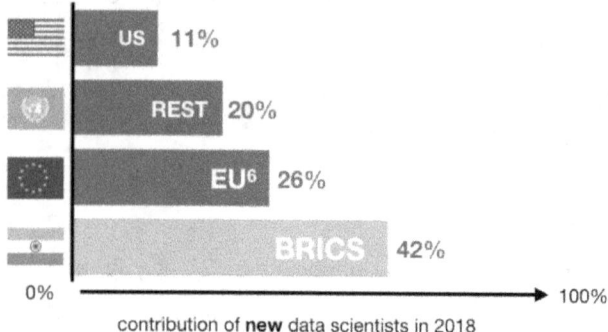

Fig 35 Este cuadro fue hecho con PowerPoint porque era más rápido que ajustar los parámetros de ggplot. Observe cómo se utiliza la proporción áurea través del gráfico.

Use mega Regiones para sumarizar

Un modo de resumir países de una forma más humana es agrupar los países en mega regiones económicas que tengan un cierto grado de homogeneidad (cultural, o económica). En este caso, se aplica el marco **BRICS**. BRICS es una sigla de los países Brasil, Rusia, India y China. Fue acuñada por Goldman Sachs para referirse a países con indicadores económicos similares. El término "BRIC" fue acuñado en 2001 por el entonces presidente de Goldman Sachs Asset Management, Jim O'Neill. Según este marco de pensamiento podemos agrupar países por afinidades de desarrollo económico y social, y lo podemos extender a bloques económicos. En este caso, hemos elegido cuatro bloques: los EE.UU., Europa, BRICS y el resto del mundo. Cuando hacemos eso, vemos que no sólo son los BRICS el principal contribuyente al crecimiento con el 42% del total en 2018, sino que fue también bloque que más rápido creció. En 2018, en la categoría "usuarios que se definen a sí mismos como científicos de datos", Europa añadió 302 usuarios, 131 Estados Unidos, el resto del mundo sumó 231, y BRICS añadió 481. En 2020, el crecimiento de los BRICS superará el crecimiento de Europa y los Estados Unidos juntos. Fuentes: hicimos una horquilla y modificamos un fragmento del código de [15]. Tomamos los primeros 20 países mayores cuyos encuestados se identificaban como *Científicos de Datos* [17]. Nota: UE-6 significa los 6 mayores países Europeos.

Estética

Tenga en cuenta cuán diferentes tamaños de fuente son utilizados en el gráfico. Cómo el diseño horizontal neutraliza la metáfora gravedad. Y cómo se utilizan banderas y etiquetas. El crecimiento de los países individuales sumados debe llegar al 100%, ¿Cuál sería la narrativa en la que caeríamos si el autor hubiera utilizado un gráfico circular o de barras?

Narrativa

En fútbol y otros deportes, hay un aforismo que dice, *uno debe correr hacia donde la pelota va a ir, no hacia donde está ahora.* No mire los números absolutos de 2018 solamente, mire el crecimiento, la diferencia. Por supuesto, una narrativa alternativa es que los países emergentes están ganando terreno, y a pasos acrecentados, en campos estratégicos tales como la Ciencia de Datos [71].

Cuestionario sobre el Capítulo 3

¿Verdadero o Falso? Tiempo 5 minutos.

1. La visualización de 200 nombres de países en una pantalla 800 x 1200 es ridículo porque no hay suficientes píxeles. [Verdadero / Falso]

2. La visualización de 200 países en un gráfico, viola la regla del límite de los 7 fragmentos. [T / F]

3. El uso de PowerPoint o Adobe para construir un gráfico que uno necesita es profesional. [T / F]

4. Para visualizar la situación "un ganador se lleva todo" podemos utilizar un gráfico de Marimekko. [T / F]

5. La Casa de Shiva es la mejor manera de visualizar las relaciones de todo o nada. [T / F]

(Solución en la página siguiente)

Solución

1. Visualizar un gráfico con 200 nombres de países en una pantalla 800 x 1200 es ridículo porque no hay suficientes píxeles [Verdadero / Falso]. Falso. Es ridículo porque un gráfico con 200 etiquetas de texto es información sobrecargada.

2. Visualización de 200 países en un gráfico viola la regla del límite de los 7 fragmentos [V / F]. Cierto.

3. El uso de PowerPoint o Adobe para construir un gráfico que uno necesita es profesional [V / F]. Cierto. Así es como se construyen muchos gráficos.

4. Para visualizar la situación un 'ganador se lleva todo' podemos utilizar un gráfico de Marimekko [V / F]. Falso. El gráfico podio es más claro en este caso.

5. La Casa de Shiva es la mejor manera de visualizar 'las relaciones de todo o nada' [V / F]. Cierto. Si falta una columna el techo cae.

Capítulo 4. Sabiduría

Herramientas visuales para Pensar
Del Conocimiento a la Sabiduría

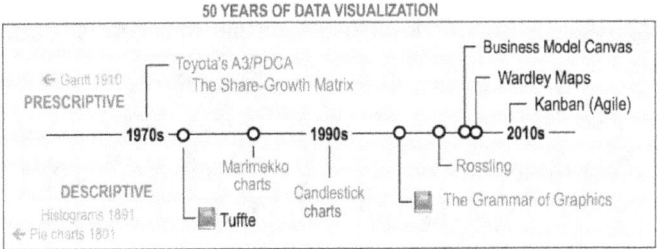

Fig 35b *Cincuenta años de visualización de datos. Gráficas de Analítica descriptiva (abajo) y gráficos de analítica prescriptiva (arriba). Fuente: [129]*

Hasta ahora, hemos visto ejemplos de cómo transformar los Datos en Información y la Información en Conocimiento. Ahora consideremos el *Análisis Prescriptivo* - los gráficos que los Gobiernos y los consejos de administración utilizan para la toma de decisiones. Por desgracia, predecir las consecuencias de una decisión es una tarea muy difícil. En particular, cuando las variables involucradas tienen interdependencias inesperadas que no se comprenden adecuadamente o incluso no se conocen a priori[70].

Una manera de hacer frente a esta complejidad es simplificar. Describir el problema desde un punto de vista sencillo. Una manera popular es plasmar el problema a un mapa: un proceso llamado mapeo. Por ejemplo, de un espacio complejo de muchas dimensiones a un espacio con menos dimensiones. El mapeo de N dimensiones a 2 dimensiones es el más popular. Una vez en 2D, el lienzo se convierte en un espacio de diseño en el que podemos buscar soluciones aprovechando las **extraordinarias** capacidades cognitivas visuales y espaciales con las que los humanos hemos sido dotados [82-85]. Ejemplos de mapeos famosos son las salas de guerra, la matriz de crecimiento BCG[28], diagramas de Gantt, el Modelo de Negocio de Canvas[29], tableros Kanban, el Cuadrante Mágico de Gartner y los mapas Wardley, hasta la fecha, la herramienta de pensamiento más avanzada para el diseño de innovación estratégica [74 , 75].

Caso: La política de Innovación en Singapur

Vamos a empezar con el mapeo a 2D. Imagine que usted es un alto funcionario a cargo de la Innovación en Singapur. Solo le han dado datos de la **figura 34** (número de científicos de datos por país). ¿Cómo utilizaría estos datos para ayudar a moldear la futura política de innovación a implementar en el país?

Pista: Un primer paso es crear conciencia situacional [75]. ¿Qué dos dimensiones ayudan a informar como

---

[28] *Share Growth Matrix fue inventada por un empleado de The Boston Consulting Group en los años 70.*
[29] *Business Canvas Model fue inventada por Alex Ostevalder circa 2000 en Suiza.*

debería ser una política? Eje 'Y'. Una manera es ordenar los países de algún modo, para que podamos ver y comparar dónde se sitúa Singapur comparado con el resto en términos de liderazgo en innovación (resultados de la política). Eje 'X'. El segundo paso seria utilizar un indicador significativo en el eje 'X' donde la política en cuestión pudiera tener algún tipo de **efecto**. (Solución en la siguiente sección).

¿Cómo usar rankings?

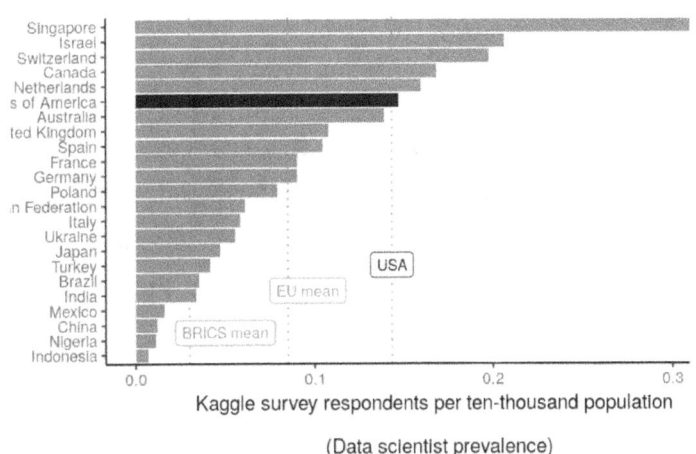

Fig 36 Mapeo. Eje 'Y' resultado de la acción política. Eje 'X' variable susceptible de ser influenciada por la política dada.

Ventajas de datos per cápita

Como el economista y comediante *Harald Eia* insinúa cortésmente en su video TEDx Talk en Oslo [29], al comparar los países, casi nunca estamos interesados en números absolutos. De hecho, cualquier medida que no sea per cápita es bastante inútil. Sin embargo, ¡con qué frecuencia nos olvidamos de esto! Los gráficos que no están normalizados por la población del país son caldo de cultivo para los estereotipos [60] y narrativas poco saludables [29]. A partir de la encuesta de 2018 de Kaggle, es posible estimar el número de científicos de datos totales en cada país. Pero ¿qué tan útil es esto? Ya sabemos que China y los Estados Unidos son los países mas poblados, por lo que en números absolutos también tendrán la mayor cantidad de científicos de datos. Esto apenas es una sorpresa. Lo que es realmente útil, es datos por cápita [60]. Por ejemplo, ¿Cómo se comparan los países en densidad de científicos de datos? En la **figura 36**, destacamos Singapur por ser numero uno en densidad, y a los Estados Unidos por ser el hogar de la comunidad encuestada más grande como punto de referencia. Este gráfico tiene mucho que explicar:

- EE.UU. media: 0,14 por 10 000
- UE6 media: 0,09 por 10 000
- BRICS media: 0,03 (5x menos que US)

Pensamiento diferencial

Pensamiento diferencial es una estrategia común para pensar acerca de las diferencias entre las categorías en los datos, en este caso, entre los países. Pensar acerca de por qué existe la **brecha** puede ayudar a explicar la realidad que el gráfico representa. Por ejemplo, un lingüista podría pensar en la brecha en términos de dominio del inglés y su correlación con la prevalencia en científicos de datos de éxito. ¿Es la barrera del idioma un factor explicativo de la brecha? ¿Cuáles son las implicaciones para la política de innovación? Nota: las cifras para BRICS, y UE6 son medias aritméticas simples sin ponderar. Fuente: Banco Mundial, Datos de Población 2016, y cuestión *Q11 - País de residencia actual*. Fuentes: [19-21, 27].

Estética

Esta combinación de tonos, (colores si esta en un dispositivo a color), se llama rojo sobre gris y es mi esquema preferido para los gráficos. A diferencia de otros esquemas tales como púrpura sobre gris, este es de género neutro. Sin embargo, para que funcione, la superficie roja debe mantenerse al mínimo, de lo contrario, aparece como estridente.

Narrativa

Ventaja Competitiva de las Naciones de Porter [61].

Ejercicio: Mapeo 2D

Vamos a dar un paso más en el gráfico de la **figura 36**. Anteriormente, vimos que los marcos de conocimiento pueden ayudar al lector a dar sentido a nueva información. Ahora, utilizando el *Índice de Innovación Global*, ¿cómo lo relacionaría con la densidad de los científicos de datos? Ayuda. Utilice el mapeo 2D. Tiempo 5 minutos.

¿Cómo usar diagramas de dispersión para planificar?

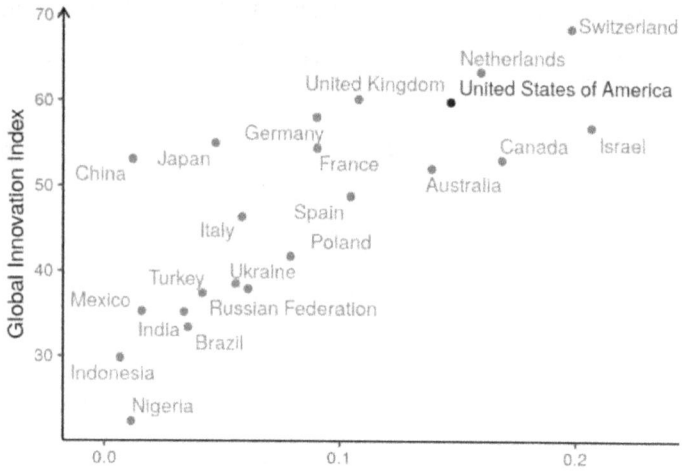

Fig 37 Un diagrama de dispersión entre dos variables con cierta correlación siempre produce una nube de puntos familiar.

Como el Sr. Wardley diría, "cuándo es necesario comprender el territorio ayuda tener un mapa". Aquí se utiliza el mapeo a 2D dispersando los países a lo largo de dos dimensiones[30]. Este mapa se puede utilizar para agrupar países por políticas de innovación para ayudar a dilucidar los factores de éxito que influyen en la posición en el mapa [60].

---

[30]*La técnica de proyección en dos dimensiones se ha utilizado con éxito en gráficos famosos como Wardley Maps, la Matriz BCG de cuota de crecimiento, la matriz Urgente-Importante y Cuadrante Mágico de Gartner.*

Narrativa

Ventaja Competitiva de Porter de las Naciones [61].

Sobre el Índice de Innovación

Cada año, el INSEAD MBA, la Universidad de Cornell y la OMPI publican el Índice Global de Innovación (IGI)[20]. En 2018, el país más innovador fue Suiza. Una correlación de rango de Spearman [23] del 79% entre IGI y prevalencia de usuarios Kaggle.

Ejercicio

Vamos a tomar el gráfico previo para llevarlo un paso más allá. Una de las habilidades más valiosas es la predicción. Dada la **figura 37**, ¿Puede predecir dónde estará Japón dentro de 10 años? **Ayuda**: Utilice una **regresión lineal**. Tiempo 5 minutos. (Solución en la siguiente sección).

Prever con reversión a la media

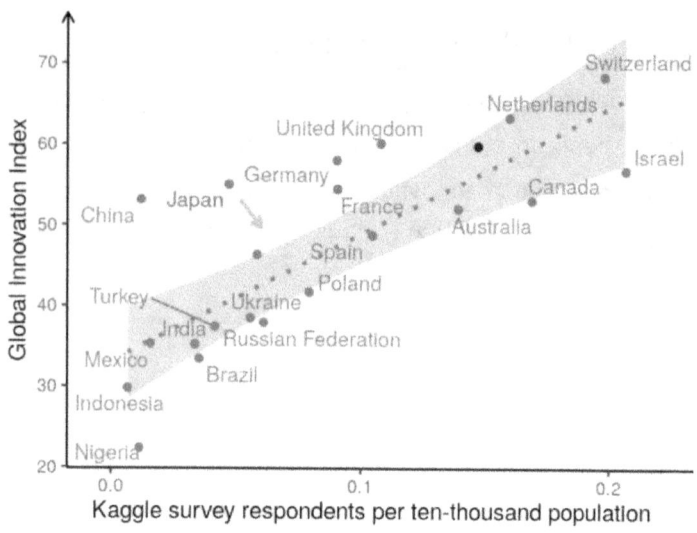

Fig 38 Reversión media, ¿siempre correcta a largo plazo?

Aquí tenemos el mismo grafo pero hemos agregado una línea de regresión. Por claridad, hemos eliminado el país atípico Singapur. El 95% del margen de error estándar se muestra en gris. Algunos países están por debajo y otros por encima. Resaltado está Japón, como un valor atípico por tener un alto índice de innovación en el eje 'Y', y bajo nivel de usuarios científicos en el eje 'X' con respecto a sus compañeros. Asumamos que el principio de reversión a la media aplica aquí, y una "mano oculta" empuja continuamente los países hacia la media (línea de puntos). El principio de reversión a la media se basa en la idea de que no hay *ventajas competitivas* permanentes ni para las empresas [98], ni para naciones. Se ha demostrado su eficacia sobre todo en las finanzas. Por ejemplo, en las apuestas en la composición del Dow Jones, muy pocas empresas tienen lo que se necesita para durar largo tiempo en el Dow Jones. De los miembros originales del índice formado en 1896, sólo se mantiene GE.

Reflexión

¿Qué podemos pronosticar acerca de la posición de Japón en el ranking IGI de 2019? Aplicando el principio de reversión media, es poco probable que Japón aumente su rango porque es ya alto. Incluso si Japón se pusiera al día en la prevalencia de científicos de datos, lo más probable es que todavía vaya a ir hacia abajo (hacia la media). Por otro lado, los índices son solo valores. Suponiendo que el peso de los científicos de datos en el IGI sólo hará que aumentar en las próximas décadas, y que el método de cálculo del IGI se actualizará en consecuencia, ¿qué países son más propensos a mejorar su ranking "nominal" en el futuro?

Cuando los componentes del índice IGI se reajusten, ¿es probable que países como Canadá, Australia salten algunos puestos hacia arriba o hacia abajo? Fuente: Índice de Innovación Global 2018, y Banco Mundial de Datos de Población de 2016, Q11 - País de residencia actual [19-21, 27] Para análisis de los residuales de la regresión lineal véase [25].

Una nota sobre el origen de la regresión lineal

El nombre de regresión lineal como la línea que minimiza la suma del cuadrado de los errores, fue popularizado en un artículo donde se verificó que el principio de "regresión a la media" aplicaba en que la altura de la descendencia está relacionada con la altura de los padres. ¡Alerta de spoiler! Sólo el 60% de la altura de la descendencia se explica por la altura de los padres. El resto se explica por la media de la raza. Lo que significa que el principio reversión a la media aplicado a la altura de humanos, tiene una influencia del 40% aproximadamente. Sin embargo, el método matemático es completamente ajeno a cualquier concepto o idea de regresión. El documento se hizo famoso y la palabra regresión se quedó pegada por el proceso de *metonimia* al método de estimación lineal. Una gran *pregunta* consiste en pedir a los estudiantes que expliquen por qué se llama *regresión lineal* a una regresión lineal. Siempre me sorprende la creatividad de algunos estudiantes [62].

¿Cómo usar mapas 2D para la estrategia de Negocio?

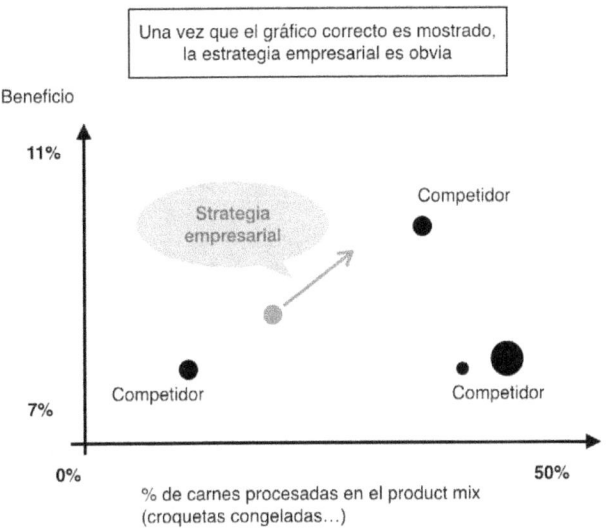

Fig 39 ¿Como visualizar un negocio en un mapa?

Uno de las habilidades más importantes para un científico de datos, es darse cuenta de cuando el cliente no puede articular sus propias necesidades, (véase la teoría *Trabajos-por-hacer*[31]). Esta habilidad es la que distingue al científico de datos excelente de uno corriente. El gráfico aquí es una adaptación del libro *The Accidental Investment Banker (2007)*. Al autor, un banquero de Goldman Sachs, se le ocurrió durante un proyecto. Lo utilizó para explicar al cliente la estrategia de adquisición a seguir [40]. Una vez

---

[31] También conocida como *Jobs-to-be-done theory, Stanford*. Ver [39].

que mostró la **figura 39**, todo el mundo en la reunión entendió la estrategia a seguir. En su libro, él acredita la creación de este gráfico como un hito en su carrera.

La matriz de Nichos

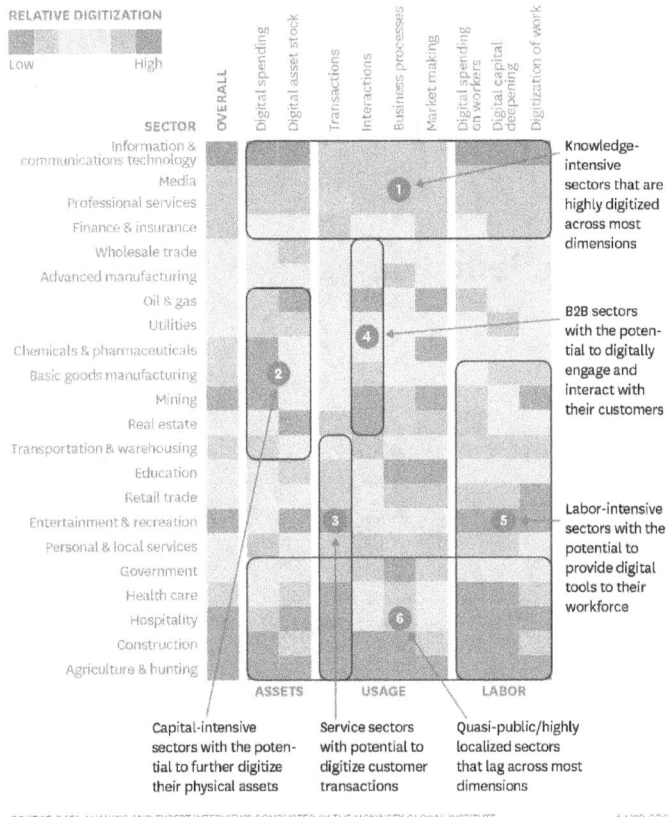

Fig 40 *La innovación empresarial es a veces tan fácil como encontrar un espacio en blanco. Fuente: McKinsey Global Institute, [93].*

Usar para encontrar nichos en el mercado

Otro uso del espacio de diseño 2D es descubrir segmentos desatendidos. Podemos aplicar este método para matrices también. Ejemplos de ello son la *matriz de habilidades* de empresa-empleado, planes de desarrollo tecnológico, hojas de ruta tecnológicas y la matriz de innovación. En la figura 40, McKinsey tomó una vista sectorial. Sin embargo, otros puntos de vista pueden producir descubrimientos también. Por ejemplo: en lugar de ver por sectores podíamos ver por el proveedor de software (Salesforce, JIRA, Autodesk …).

La tabla Periódica

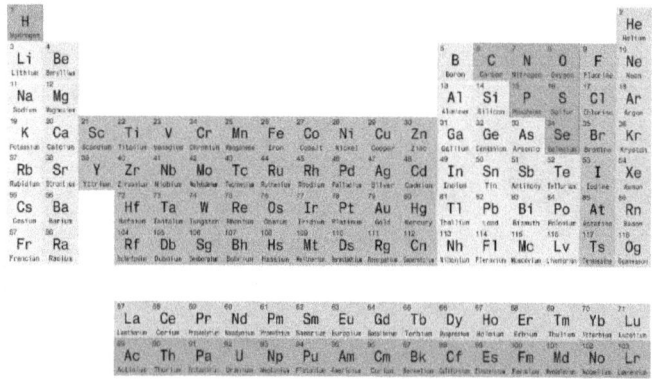

***Fig 40**b ¿La visualización más útil en la historia de la Ciencia[32]?*

Una famosa aplicación de la Matriz de Gap de 1869 es la Tabla Periódica de los Elementos de Mendeleev. En 1869, hace 150 años, Dimitri Mendeleev publicó una tabla periódica de los elementos químicos en base a las propiedades que aparecen con cierta regularidad, ya que él

---

[32]*Fuente: Bloomberg BusinessWeek.*

presentó a los elementos del más ligero al más pesado. Cuando Mendeleev propuso su tabla periódica, señaló lagunas. En ese momento, sólo se conocían 63 de los 118 elementos conocidos en la actualidad. Luego predijo las propiedades de los cinco elementos desconocidos - un golpe de genio para cualquier joven científico [122]. Las predicciones visuales de Mendeleev impulsaron una carrera de descubrimiento. Sorprendentemente, nunca recibió el premio Nobel - un testimonio de rivalidades científicas´ sino también es un claro ejemplo de cómo el pensamiento visual ha sido históricamente despreciado por el mundo académico dominado por un pensamiento orientado a palabras.

La matriz de Habilidades

SKILL MATRIX
(be spfecific: Eg. reading 👎 reading XYZ 👍)

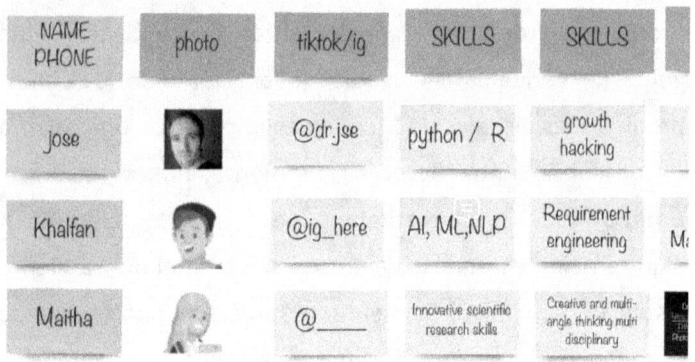

Fig 40b En la foto una parte de una Matriz de habilidades usada por el autor para romper el hielo en una sesión online con miro.com, Dubai.

¿Por qué los equipos no rinden al 110%? A menudo porque simplemente sus miembros no conocen que habilidades ocultas, *súper-poderes*, o hobbies que poseen los otros integrantes de su propio equipo. Estas matrices ayudan a descubrirlos de forma rápida. Las mejores empresas cuelgan estas matrices en las paredes. A parte de el incremento de productividad, otros usos son: team-building, onboarding para incrementar la **colaboración** en oficinas (Ver Agile), para incrementar la **empatía** entre los miembros del equipo. Para incrementar al ***serendipia*** del equipo,

La matriz de Innovación

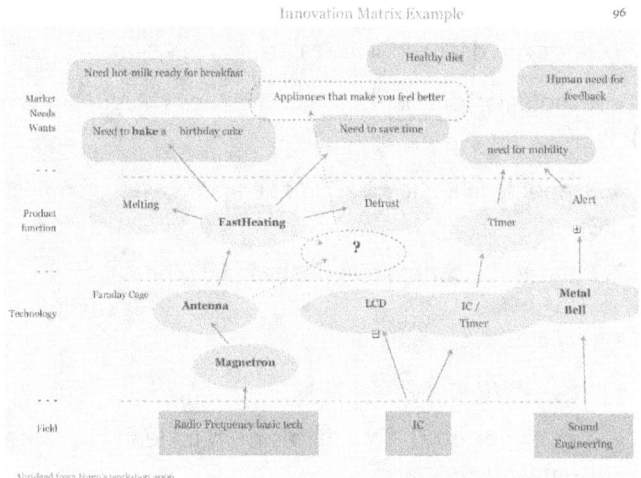

Fig 41 La Matriz de Innovación (IM). Fuente: [94]

Leo Tschirsky, Profesor Emérito de Dirección de Empresas en el Instituto Federal Suizo de Tecnología (ETH), facilitó este taller sobre el horno de microondas en el Instituto de Tecnología de Tokio en 2006. El Matriz de Innovación ayuda a formalizar y organizar las **relaciones funcionales** entre:

1. Necesidades del mercado
2. Funciones del producto
3. Tecnología
4. Campos de la ciencia

Cómo utilizar

1. Dibuje un formato de matriz por filas

- Escribir las necesidades del mercado (Por qué la gente compra hornos)

- Funciones del producto (calentar, hervir ...)

- Tecnologías detrás de esas funciones (Magnetrón, LCD ...)

- Campo de la ciencia básica que apoya esas tecnologías. (RF, IC)

2. Enlazar conceptos con flechas

- Aclarar

- Buscar verdades profundas

- Usar 5 "por qué" del análisis de raíz de la causa de la teoría empleos-por-hacer.

Una vez que su producto esté claro y trazado...

3. Innovar

Ahora que tiene una idea clara de las relaciones entre los valores, las necesidades del cliente, los costos y la tecnología, usted está en una mejor posición para innovar usando una variedad de técnicas, tales como:

- Lluvia de ideas

- La planificación de un taller al estilo "Carro de compras de Ideo"

- El uso de herramientas de creatividad de Edward de Bono

- Cubrir las nuevas necesidades con funciones existentes

Ejercicio: mapee el microondas

Grupos de cuatro. Tiempo 20 minutos. Piense en este microondas y sus componentes ...

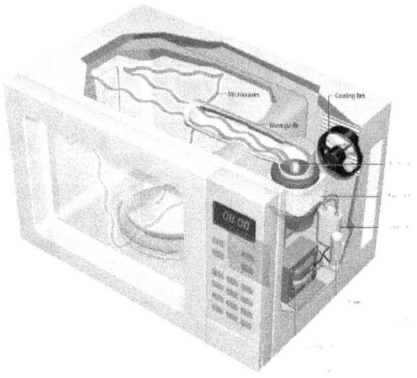

Fig 42 El ciclotrón es el elemento que genera las microondas. Fuente: [94].

Usted ha sido contratado por una marca de horno de microondas. Recientemente, debido a la competencia china, los márgenes del horno son finos como el papel, por lo que la supervivencia de la empresa podría depender de que usted presente un nuevo diseño de horno por el que los clientes quieran pagar más. **Requisito:** Utilice la Mensajería Instantánea para innovar en el microondas.

Solución

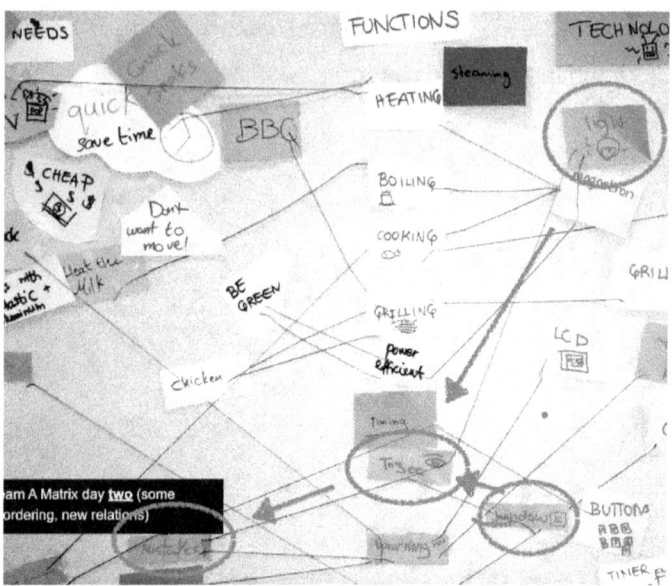

Fig 43-44 Innovación. Ejemplo funcional con post-its y cuerdas por los estudiantes de la clase de Design Thinking. Fuente: [94].

La luz y la ventana del horno parecen dos tecnologías no relacionadas en un horno. Sin embargo, responden a una necesidad común: ¡la necesidad de comprobar si hay errores! **¿El costo de (Ventana + Luz)> costo de (X)?** Considere el costo de la ventana + luz. Su único propósito está claro ahora. ¿Puede X hacer su función mejor y de forma más barata? ¡Vamos a encontrar la X!

Mapas de Estrategia

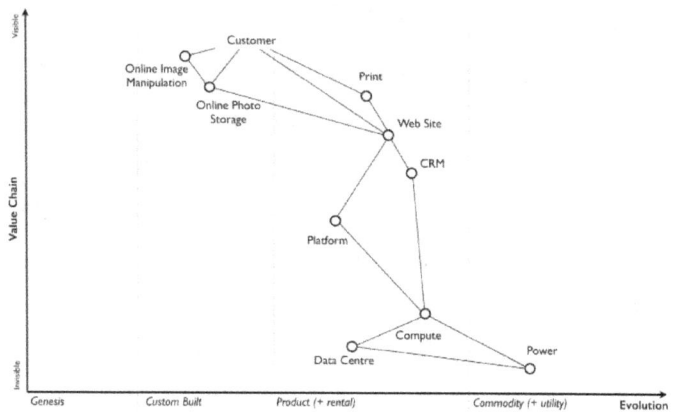

Fig 45 Un mapa Wardley, Simon Wardley CC BY-SA 4.0.

Los *mapas de Estrategia,* (también conocidos como mapas de Wardley), pueden interpretarse como un mapa 2D de dos poderosas fuerzas. En el eje 'X' la tendencia de los productos (componentes) a comoditizarse. En el eje 'Y' la cadena de Valor de nuestro servicio o producto. También puede interpretarse como una evolución de la *Matriz de Innovación*. En cualquier caso, cuando hay dilemas sobre si externalizar o no componentes de nuestra servicio, esta es la mejor herramienta para dilucidar. Un excelente tutorial se puede encontrar en [95].

Hasta aquí, hemos visto dos casos de visualización, uno sobre adquisiciones de negocios, y otro de políticas públicas. Sin embargo, la visualización es también muy popular en otros ámbitos. Por ejemplo el mundo del coaching. Veamos una herramienta visual muy popular en el mundo del coaching llamado la Rueda de la Vida (1960).

Mapas de Life Coaching

Amy es una madre soltera, que acaba de renunciar a su trabajo en una empresa del *Fortune 500*. Una exitosa ejecutiva, Amy simplemente dejó su ascendente carrera porque quería viajar menos y pasar más tiempo de calidad con su hija adolescente de 14 años. Estoy en Singapur, sentado frente a Amy en un Starbucks de la calle numero 6. Nos hemos reunido para hablar de la vida, la carrera y gráficos. Sí, ¡Gráficos! Amy está a punto de mostrarme un gráfico que nunca he visto antes. Ella lo llama la **Rueda de la Vida**. Este gráfico, me dice, fue fundamental para ayudarle a darse cuenta de que tenía que cambiar su vida.

Cómo dibujar La Rueda de la Vida

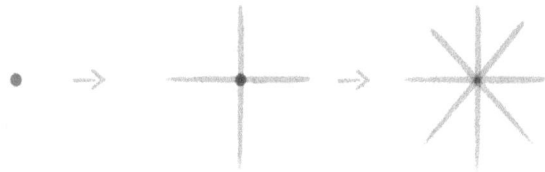

Fig 46 Comience con un punto en medio de un papel.

En primer lugar, dibuje los radios. Ocho radios. Cada radio representa una **categoría** diferente de su vida que le ayudará a medir su satisfacción en ocho dimensiones diferentes de su vida. El primero es el **Dinero** (¿Cuál es su grado de satisfacción con el dinero que ha ganado?) En segundo lugar, la **Carrera** (¿Cuál es su grado de satisfacción con su trayectoria profesional?). En tercer lugar, el **Bienestar** (espiritual, mental y físico). Luego siga con **Entorno físico, Amor, Amigos y Familia, Diversión**, y (¿Le gusta el país, ciudad/casa/ vecindario que está?). Finalmente, el **Crecimiento personal**. Ponemos calificaciones en cada categoría marcando un punto en el radio en una escala de 1 a 10, siendo 1 el centro y 10 la parte más alejada del centro. Un 10 correspondería a una satisfacción de 10 sobre 10. Luego conectamos los puntos.

Conectando los puntos

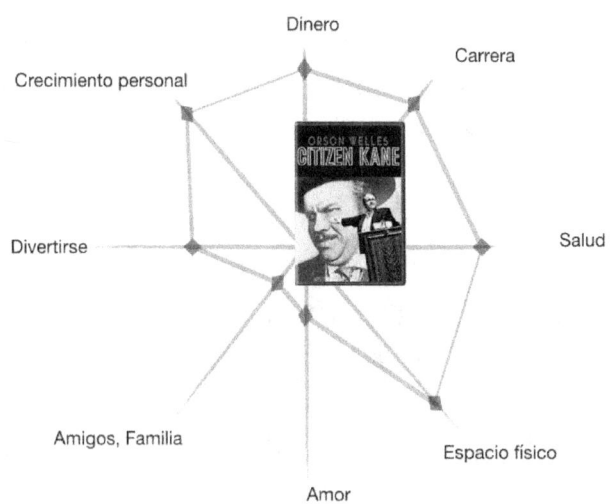

Fig 47 Hipotética Rueda de la Vida que correspondería a 'Citizen Kane' [102].

Al conectar los puntos de mi gráfico, un escalofrío recorre mi espalda. ¡Mi rueda de la vida no es redonda! Parece un asteroide y tiene una gran hendidura donde está el radio del amor. ¿Es esto malo? Le pregunto asustado...

Una radiografía de su vida

A continuación, Amy se inclina y dice: "Este es el resumen de tu vida. Aprendí este ejercicio en una clase optativa en *Stanford Executive program*. De todo el MBA, resultó ser una de las cosas más útiles que aprendí porque me ayudó a visualizar mis **puntos ciegos**. Muchos de mis compañeros hicieron el ejercicio y al finalizar quedaron tan estupefactos como lo estas tu ahora..." - seguidamente agrega: "El comentario más común de mis compañeros es: Aquí estoy yo, centrado en mi carrera y desarrollo personal, como lo he hecho toda la vida, mientras que dimensiones iguales o más importantes de mi vida están siendo descuidadas". La Rueda de la Vida, junto con otras herramientas de visualización tales como *el The Good Time Journal (2016),* forman parte de la nueva tendencia llamada **diseña de tu vida,** donde vemos como principios de *pensamiento de diseño*[33] también aplican al coaching. Los resultados son espectaculares. Para aprender más, el libro del co fundador de Atari "El diseño de su vida: ¿Cómo construir una vida alegre bien vivida" es un excelente inicio? [96]

---

[33] *Design Thinking, ver [94].*

Ejercicio

Dibuje su Rueda de la Vida. ¿Cómo haría esta tabla más convincente que la de la **figura 47**? Tiempo 7 minutos. (Solución en la página siguiente).

Solución

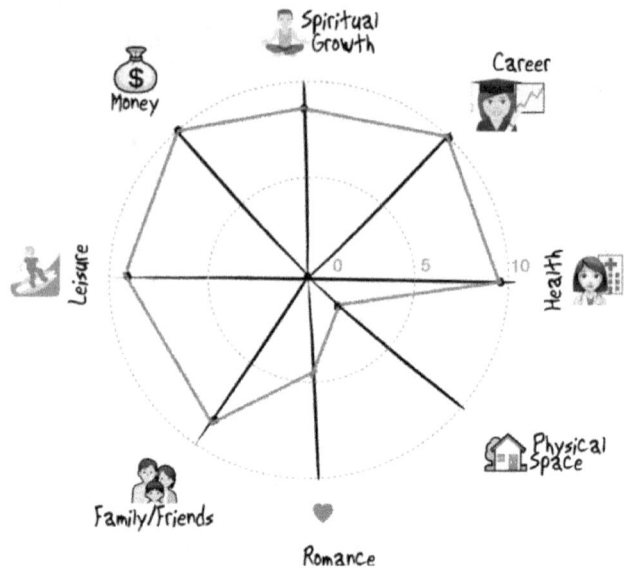

Fig 48 *Los iconos se utilizan para reducir el tiempo necesario para entender un gráfico.*

Los íconos y los emoji son un recurso infrautilizado en la realización de gráficos. Por otro lado, el uso de emoji se correlaciona con mayor motivación de los empleados [106].

Gráficos para exploración interactiva

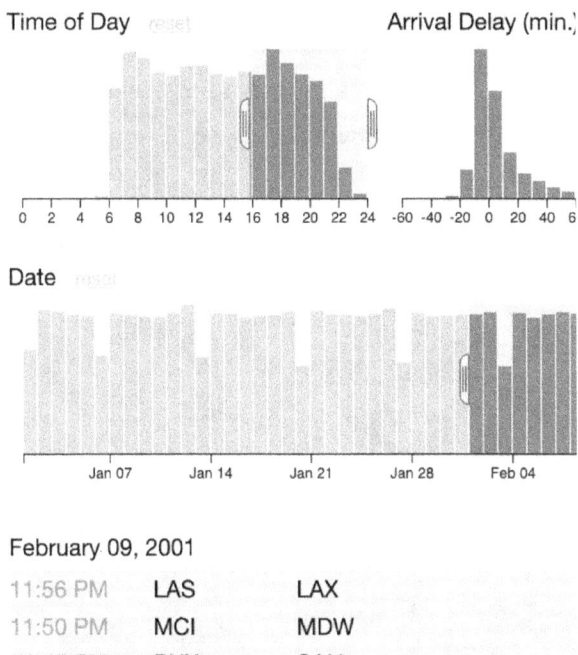

Figura 49 Crossfilter puede hacer operaciones SQL interactivas. Fuente: Square 2001. [97]

Filtro cruzado de Square

Crossfilter es una biblioteca de JavaScript para explorar grandes conjuntos de datos multivariados en el navegador. Extremadamente rápido (<30 ms), que permite la interacciones por debajo del *umbral Doherty* con vistas coordinadas, incluso con conjuntos de datos que contienen un millón o más de registros; Square lo construyó en 2001 para análisis de potencia para Square Register.

Ejercicio

Grupos de dos. Tiempo 12 minutos. Utilizando la demostración de Crossfilter online en [97], descubra tres estadísticas interesantes sobre los viajes aéreos. **Ejemplo**: Para evitar retrasos en los vuelos, volar por la mañana.

Cuestionario sobre el Saber

¿Verdadero o Falso? Tiempo 10 minutos.

1. Trabajar con medidas per cápita es más adecuado que medidas absolutas al comparar países. [Verdadero/Falso]

2. El principio de reversión a la media establece que, en el largo plazo, una "mano oculta" empuja los valores atípicos hacia la media. [V/F]

3. La matriz de separación se utiliza principalmente para descubrir nicho o vacíos en el mercado. [V/F]

4. Los mapas Wardley han hecho obsoleta la Matriz de Innovación. [V/F]

5. La biblioteca Crossfilter es una opción apropiada para visualizar las relaciones lineales entre dos variables, tales como retrasos y la hora de salida. [V/F]

Solución

1. Trabajar con medidas per cápita es más adecuado que medidas absolutas al comparar países. [Verdadero/Falso]. Cierto.

2. El principio de reversión media establece que, en el largo plazo, una 'mano oculta' empuja los valores atípicos hacia la media [V / F]. Cierto. No hay ventajas competitivas de larga duración [98].

3. La matriz de separación se utiliza principalmente para descubrir nicho o vacíos en el mercado [V / F]. Cierto. Sin embargo, también se puede utilizar en otras áreas.

4. Los mapas Wardley han dejado obsoleta la Matriz de Innovación [V / F]. Falso. La Matriz de innovación sigue siendo mejor que Wardley para hacer innovación de productos y para asignar un producto a su mercado.

5. La biblioteca Crossfilter es una opción apropiada para visualizar las relaciones lineales entre dos variables, tales como retrasos y hora de salida [V / F]. Falso. Un diagrama de dispersión es más claro. Crossfilter es ideal para la EDA.

Capítulo 5. Storytelling

Consejos para relatar
y
comunicar efectivamente la historia

Fig 50 *Manos de jazz radiales con audiencia mirando es una técnica usada para hacer que su gráfico resalte de forma natural[34].*

---

[34] *Para profundizar más chequee Sketch Thinking (2016) del mismo autor [12].*

En este capítulo, vamos a ver estrategias y trucos para hacer que su gráfico sea más memorable. Ahora que conocemos los principios para que sus datos adquieran: (i) significado, (ii) utilidad, y (iii) valor; mediante la: (i) reducción de la sobrecarga de información, (ii) vinculación a marcos, (iii) elección de narrativas apropiadas, y el (iv) metáforas visuales; veamos ahora sencillos consejos sobre la manera de hacer que resalte con simples toques de diseño. Nuestros recursos favoritos en esto son los libros de Dan Roam, "La Información es bella" por McCandless, y la cuenta de Instagram "Chartr". ¡Tenga cuidado! Algunos gráficos son tan hermosos por sí mismos que son como una obra de arte por derecho propio. En cualquier caso, recuerde, el gráfico nunca debería ser el personaje principal de su historia, lo que importa es la narrativa (mensaje) y lo bien que ésta se comunica a la audiencia. Desafortunadamente, las visualizaciones estéticamente agradables y una visualización que cumple con su trabajo no siempre coinciden. Por cierto, esta es una de las razones por las que, en una agencia de publicidad, verá al director de arte y al director de cuentas siempre en desacuerdo. El director de arte quiere ir al Festival de Cannes para ganar un León de Cannes como premio a su creatividad, mientras que el gerente quiere un anuncio efectivo [41]. Veamos seguido las principales técnicas a utilizar para hacer su gráfico salte a la vista.

Utilice flechas para liberar la imaginación

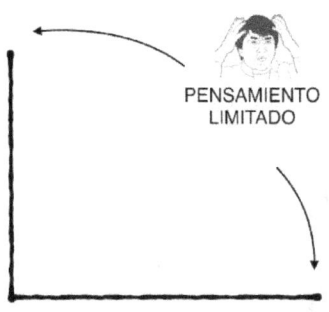

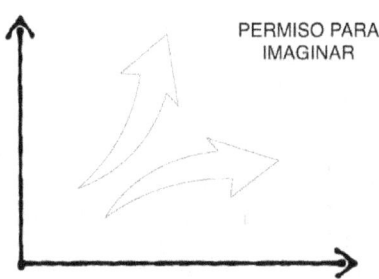

Fig 51 *Las flechas le dan permiso al lector para pensar más allá.*

¿Cómo simplificar un gráfico de barras?

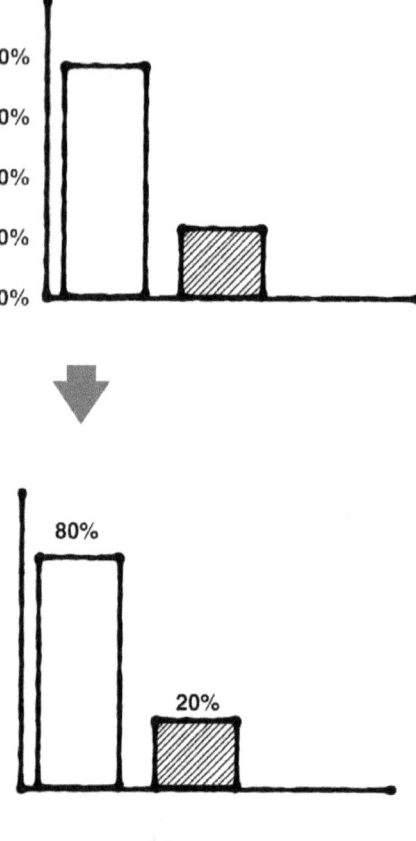

Fig 52 *Menos es más*

¿Cómo simplificar un gráfico de torta?

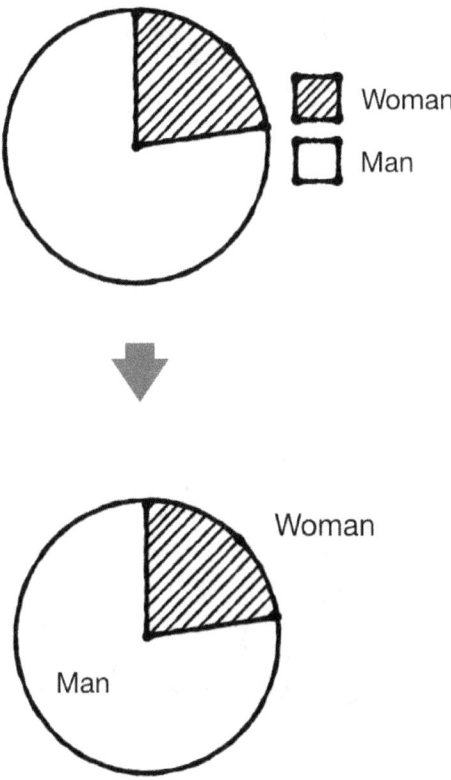

Fig 53 *Vea la animación online de como simplificar un gráfico circular* bit.ly/2OgCLUO

Use personajes para ganarse la audiencia

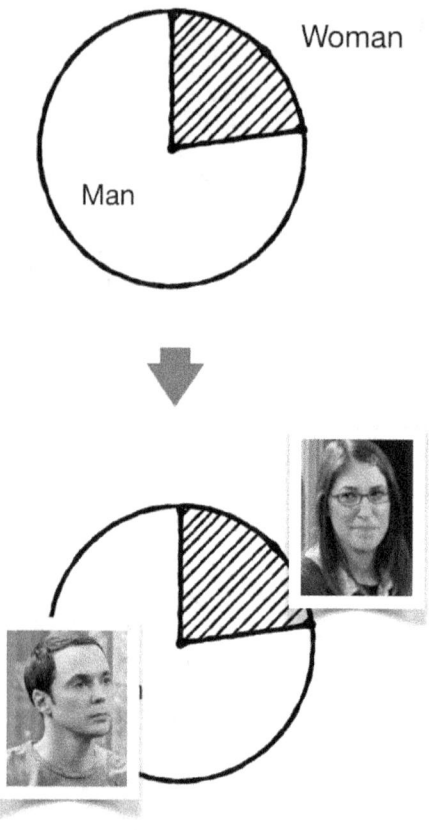

Fig 54 Las humanos somos adeptos a reconocer rostros.

¿Sabía que podemos reconocer una cara más rápido que muchos otros objetos del mundo? [42] ¡Utilícelo! En 2007 Honda utilizó este principio cuando diseñaron una moto que, desde la parte de atrás, parecía una cara humana

(antropomórfica).
Visualizando grandes diferencias

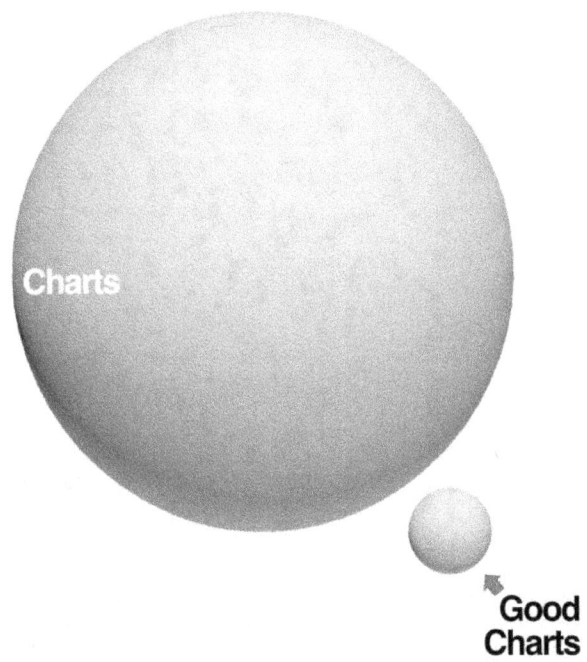

Fig 55 *Este gráfico tiene un asombroso rango dinámico de cuatro órdenes de magnitud (1 : 10000).*

¿Cómo calcular el rango dinámico en un gráfico de planeta? En un gráfico del planeta, el rango dinámico es n^3, donde n es las veces que el radio del planeta pequeño cabe en uno grande. En la **figura 56**, n = 12. Por lo tanto, n^3 = 1720. Por lo tanto, el planeta grande es casi 2000 veces mayor que pequeño. Esta disparidad de magnitudes no es posible visualizar en ningún otro tipo de gráfico excepto los logarítmicos.

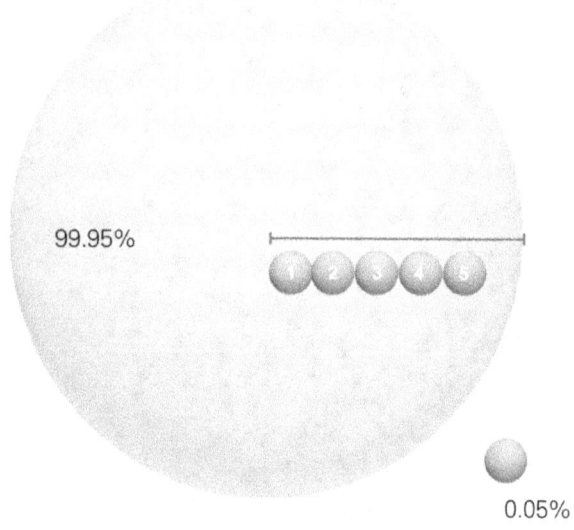

Fig 56 El pequeño planeta encaja 1720 veces en el volumen del grande.

Otros ejemplos exitosos para visualizar enormes diferencias efectivamente son "¿Qué significado tiene para ti un PhD" [76], y la película de 1977 "Powers of Ten"? [77]; utilizando en ambos la técnica zoom 2D para ilustrar contrastes de tamaño gigantesco. Sin embargo, de todas las metáforas gráficas, la metáfora de los planetas es la mas intuitiva.

El dinero global en Perspectiva

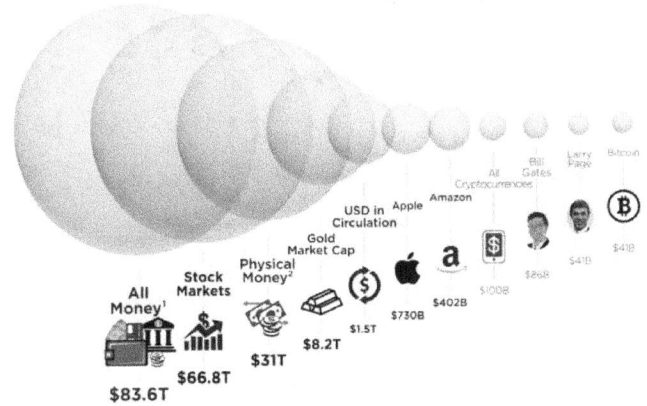

Fig 57 Los seres humanos han evolucionado adaptativamente para estimar la masa a través de la altura.

¡El rango dinámico de este gráfico es un sorprendente cuatro órdenes de magnitud! Puede visualizar 41bn y algo 20 mil veces más grande con facilidad. Este gráfico se combinó con la narrativa del Miedo de Perdérselo (FOMO[35]) antes del crypto crash de Bitcoin de Enero de 2018. Fuente original: HowMuch.net [78].

---

[35] *FOMO: Fear Of Missing Out.*

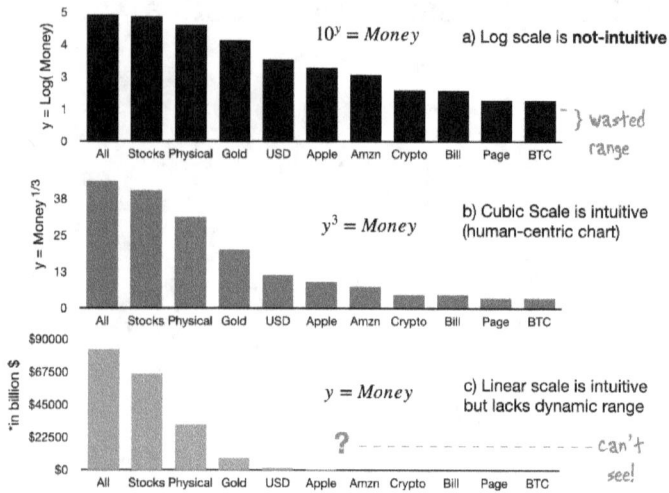

Fig 58 Comparación entre representar a) el logaritmo, b) la raíz cúbica, y c) la escala lineal.

En la **figura 58**, note cómo (a) tiene el rango dinámico, pero no es intuitivo; (b) el eje 'Y' representa el radio de la esfera equivalente del valor representado. Sería intuitivo si se expresara como volumen, como en la **figura 57**; (c) escala lineal, es intuitiva, pero carece de rango dinámico.

¿Por qué las esferas 3D son intuitivas?

Los humanos hemos evolucionado para estimar el peso de un animal viéndolo. Por supuesto, esto era una habilidad muy útil para nuestros antepasados cazadores-recolectores. Fíjese lo fácil que es entender tamaños relativos cuando usamos el volumen, en comparación con cualquier otra opción. Para los primates, la estimación visual del peso de un compañero era una habilidad de supervivencia útil para determinar la peligrosidad de la amenaza de un oponente antes del contacto. Una manera de estimar peso es mediante la estimación del volumen.

El gráfico de planetas es útil para comparar magnitudes tan diferentes como de 3 ó 4 órdenes de magnitud.

Gráficos logarítmicos

Tenga en cuenta que el gráfico logarítmico resuelve el problema de la gama dinámica, pero los humanos no nacen con la intuición logarítmica incorporada (**figura 58**). En otras palabras, un niño va a entender un gráfico de planetas, pero entender un gráfico logarítmico se necesitan muchas horas de entrenamiento.

¿Cuántos paneles solares para un país entero?

Fig 59 En 2017, Elon Musk utilizó esta plantilla de gráfico para impulsar el uso de Energía Solar. - Fue un fracaso.

La **figura 59** trata de una narrativa de escasez. En 2017, Elon Musk utilizó un gráfico como éste en una charla. Él estaba abogando por la energía solar. Él dijo: "Solo necesitamos un píxel del mapa cubierto de paneles para dar energía a todo el país, recuerde solo un píxel." Su charla fue un fracaso. ¿Por qué? Porque conectó a una narrativa de ganar o perder. También es difícil confiar en lo que no podemos ver (un pixel no es una gran visualización). Por desgracia, los gráficos 2D no tienen suficiente rango dinámico para visualizar diferencias de más de 2 órdenes de magnitud. Él estaba tratando de visualizar 4 órdenes.

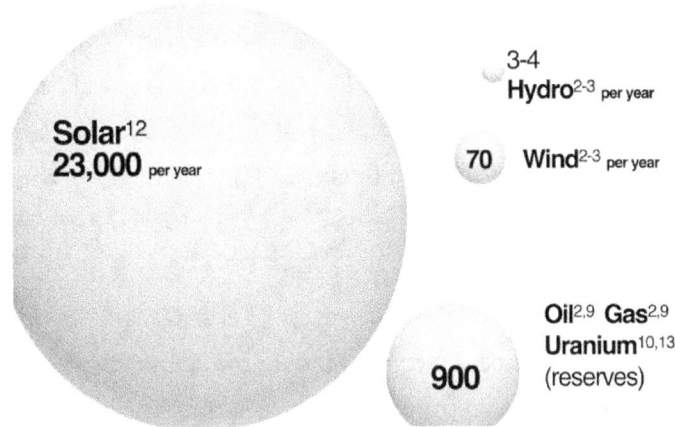

Fig 60 Un gráfico que utiliza la narrativa de mentalidad de crecimiento. Adaptado de Q-Cells.

La narrativa de la **figura 60** corresponde a la **mentalidad de crecimiento** [68]. Este gráfico de planetas visualiza un rango de valores que van de 3 unidades a 23000 unidades sin esfuerzo. Alrededor del año 2005, el fabricante alemán de células solares *Q-Cells* utilizó una tabla similar en sus relaciones públicas. La **figura 60** es más eficaz y confiable que la **figura 59** porque nos conecta a una narrativa crecimiento (win-win) mediante la visualización de una sorprendente abundancia de energía **renovable**: el Sol.

Sin embargo, tanto Q-Cells como Elon Musk usaron escalas muy alejadas del *diseño centrado en humanos*. En el caso de Musk, consumo global de los EE.UU, en el caso de

Q-Cells el consumo total global de la tierra. Quizás se dejaron llevar por delirios de grandeza y perdieron de vista al cliente de a pie. Irónicamente Q-Cells fue a la bancarrota. SolarCity tuvo que ser rescatada a través de una fusión con Tesla. ¿Usando la misma narrativa, como se podría hacer el gráfico de Q-Cells o el de Elon Musk a una escala más humana? Una manera es aplicar el principio que vimos de gráficos centrados en humanos. Por ejemplo, usando objetos de escala más humana como una casa, y mostrando cuántos paneles son necesarios para ser 100% independientes eléctricamente. En el caso de Q-Cells mostrando una casa y comparándolo con un recipiente que contenga todo el petróleo que una casa consume en un día. En Europa se consumen un 0.8 L de gasolina por persona/día y unos 2kWh de electricidad por persona/día. En total equivale a 1L de gasolina o 9kWh por persona/día. Para generar dicha energía con paneles solares se necesita hoy en día una superficie de 8x8 metros. ¿Qué gráfico le resulta más fácil de entender?

Explicando sesgo de edad con humor

La **figura 61** se basa en un conjunto de datos de detención proporcionada por la Policía de Minneapolis y otras fuentes. Fue publicado en Kaggle.com en 2018 [44]. Muestra la relación entre (y) las detenciones sin cargos, y (x) la diferencia de edad entre la policía y el sujeto.

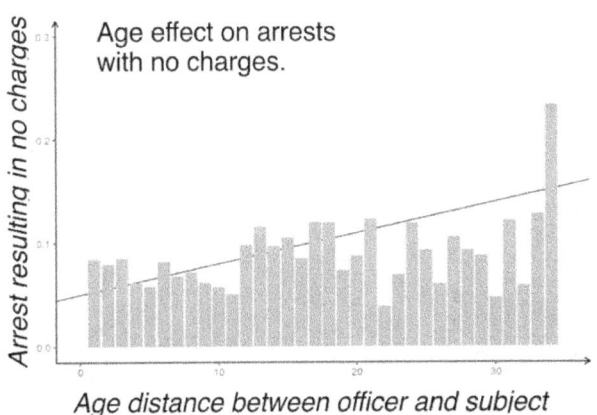

Fig 61 De todos los prejuicios, el sesgo de edad (ageism) es uno de los que menos se habla.

Código completo: http://bit.ly/2JXWP9d. La línea muestra la regresión lineal. Si uno considera que ser detenido y que luego no haya cargos es algo positivo, en ese caso es preferible interactuar con un policía de más edad. Cuanto menor sea la diferencia de edad, menor es la probabilidad de que haya detención sin cargos (Ver también sesgos en el capítulo 7).

Ejercicio

Modifique este gráfico para que sea más convincente. Tiempo 3 minutos.

Solución

Fig 62 Use personajes populares para hacer que el gráfico memorable.

¿Cómo usar la proporción áurea?

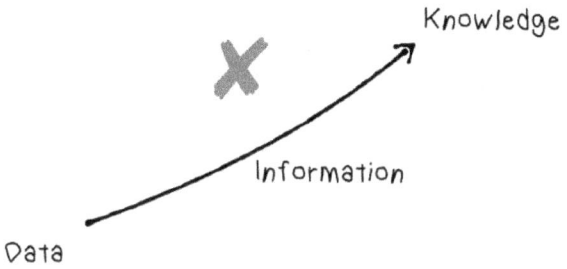

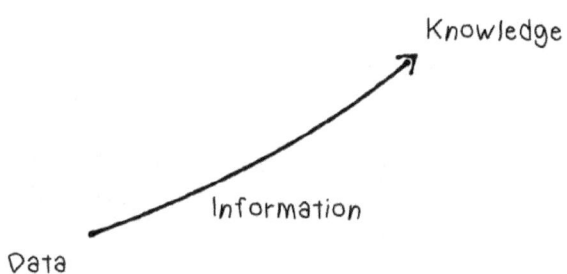

Fig 63 ¿Cuál parece más armoniosa?

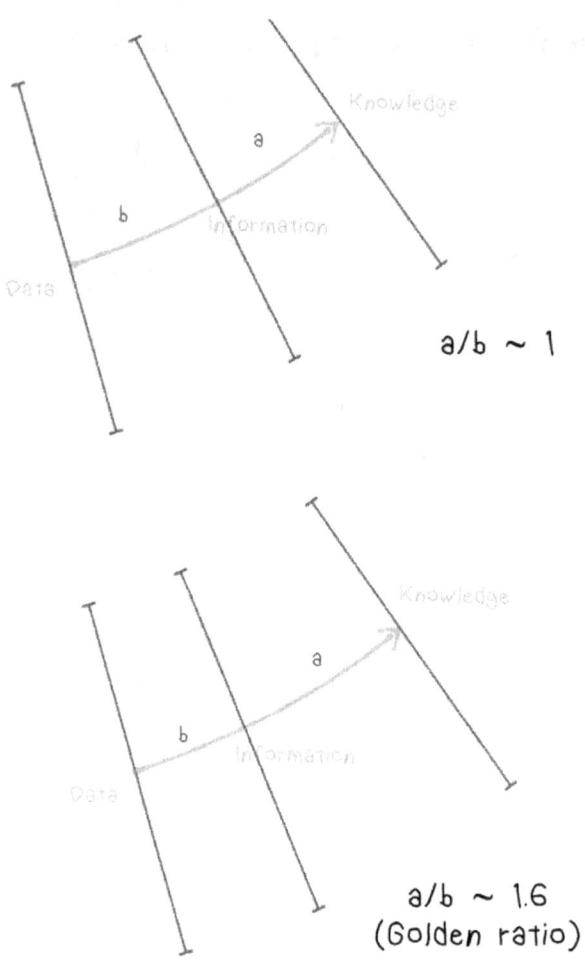

Fig 64 *Nunca deje pasar la oportunidad de utilizar la proporción áurea.*

¿Sabía que si muestra dos tarjetas de diferentes proporciones a un niño, el elegirá aquella cuya proporción de lados sea la más cercana a 1:1.6?

¿Cómo usar giros en la historia?

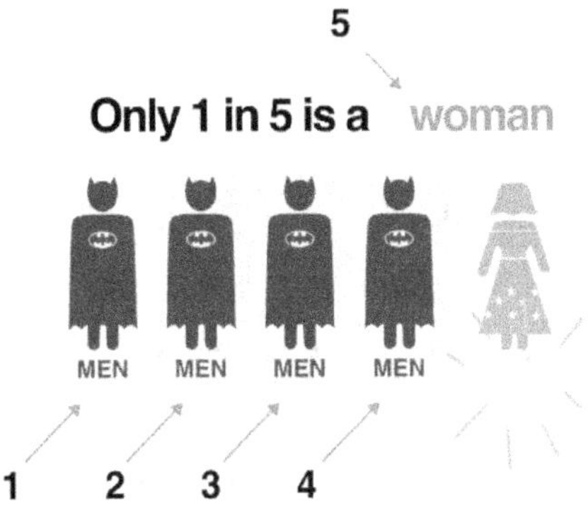

Only 1 in 5 is a woman

MEN MEN MEN MEN

1 2 3 4

Fig 65 Utiliza "toques" para dar un empuje extra a su historia.

En el teatro de *improvisación*, siempre decimos que una buena historia debe tener un giro inesperado al final[36] [46-47]. Un giro efectivo es lo que hace que un video de Tiktok se viral, y lo que nos hace expresar ¡Aha!. Al escuchar una lección interesante. En la **figura 65**, usamos el principio de diseño grafico llamado espacio negativo para crear un giro en la historia. En este caso, el lector espera encontrar la etiqueta #5 en un determinado lugar, pero ¡no está! Esto pone al cerebro en modo de búsqueda [55]. Cuando unos pocos milisegundos más tarde, el cerebro encuentra la etiqueta que faltaba, se liberan endorfinas. Una ventaja de este truco es que pone el gráfico a prueba de fallos (Poka-Yoke [69]). Al cambiar la etiqueta de ubicación el autor se asegura que el lector no se la salte por leer demasiado

---

[36] *Giro: Story twist, twist.*

rápido. Ahora que conocemos los principales trucos para hacer que un gráfico salte a la vista, veamos algunos ejemplos más.

Caso de estudio: Los helados Suecos

Evaluar el siguiente gráfico. Fuente: [99]. A continuación, proponga una mejor manera de visualizarlo. **Requisito**: 300 palabras de ensayo + dos bocetos de la visualización propuesta mejorada. Tiempo 25 minutos.

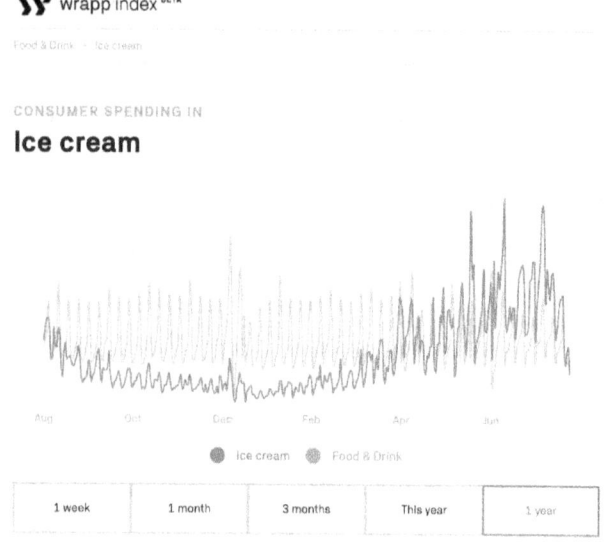

Fig 66 *Ventas de helados en Suecia, Islandia y Finlandia. Fuente: Wrapp Index.*

Solución

Principales observaciones

1. Este gráfico contiene información útil como: las ventas de fin de semana son más altas que las ventas de los miércoles, y las ventas en verano son más altas que en el invierno. Sin embargo, la línea gráfica del tiempo no es óptima para mostrar esto.

2. Para dar a este gráfico más utilidad, debemos conectarlo a otros conocimientos. Por ejemplo, la comparación de las ventas en España, donde la proporción de ventas en la relación Invierno: Verano es menor, 4x vs 10x en Suecia.

3. Esta gráfica carece de narrativa. Un ejemplo de narrativa podría ser cómo la cultura influye en los hábitos de consumo. Ejemplo: "Es curioso, lo que sucede en Suecia durante los meses de verano, es como si perdiéramos nuestra mente. Comemos, bebemos y nadamos como si nunca hubiéramos visto el sol. Es lo que pasa cuando se vive cerca del Polo Norte y llega Julio". Thérèse Lundquist - Jefa de Marketing & RP de Wrapp. Ver este comentario en el contexto en [103]

4. **Línea temporal.** El dato es periódico semanal y anual, por lo tanto, escalas periódicas de tiempo anuales o semanales reducirían el desorden. Por ejemplo, un gráfico de radar semanal.

Gráficos alternativos

- Radar semanal

- Diagrama de barra mensual, semanal, con iso-medidas de helado

- La línea gris es constante, por tanto, no tiene significado (¿quitar?)

Otras sugerencias

1. Normalizar per cápita y por cada usuario de la aplicación

2. Anotar el fin de semana de Navidad y otros días pico

3. Explotar en una dispersión entre la temperatura (eje 'X'), las ventas (eje 'Y') color de punto es días entre semana

4. Calcular el porcentaje de las ventas debido a la temperatura y el porcentaje de ventas debido a la estacionalidad en un análisis de regresión lineal utilizando como factores el verano y los fines de semana [101]

5. Utilizar Crossfilter para permitir a los usuarios explorar y descubrir relaciones ocultas en las variables para el día de la semana, mes; temperatura en las ventas de helados, la variación individual en el consumo…

Caso de estudio: Al Gore y el ascensor

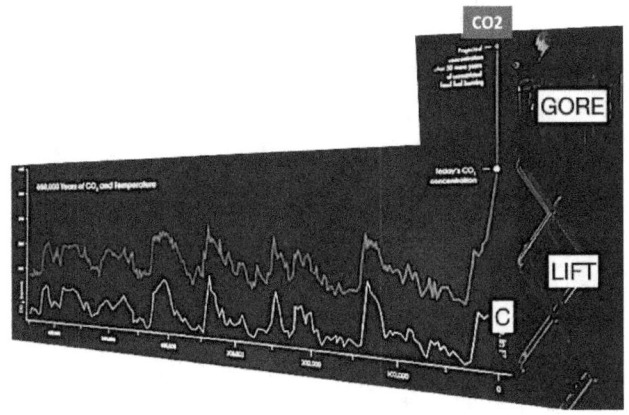

Fig 67 *El gráfico de Al Gore de emisiones de CO₂ no fue viral.*

En 2006 Al Gore presentó este Gráfico de Emisiones de CO_2. El lapso del eje 'X' es +100 años; en el eje 'Y', la línea roja es la concentración de CO_2; la línea azul es la temperatura. Tenga en cuenta la alta correlación entre ambas. A la derecha está Al Gore en la parte superior de un elevador de tijera. Fue un fracaso. ¿Cómo ayudaría a Al Gore a visualizar el calentamiento global de forma más convincente? Tiempo 25 minutos.

Solución

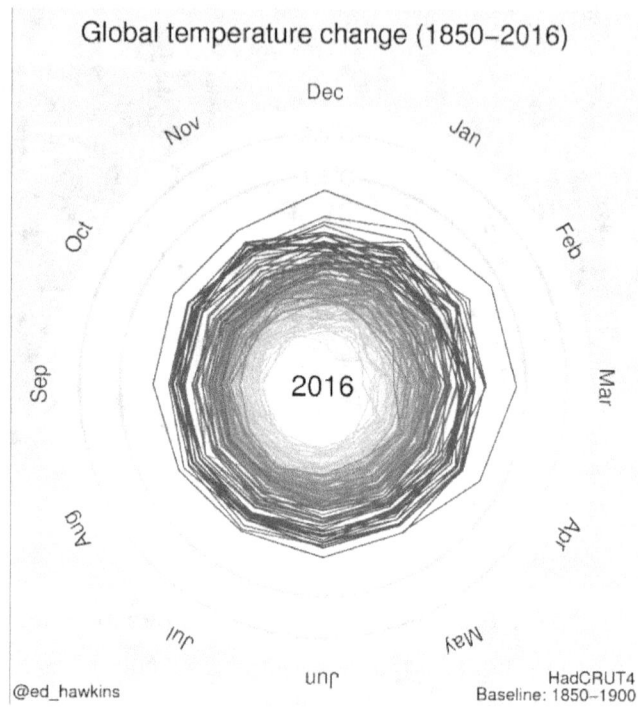

Fig 68 Ed Hawkins hizo este **gráfico en espiral** en mayo de 2016. Twitter lo hizo viral en cuestión de minutos.

De la sección Tortas vs Barras sabemos que los seres humanos somos **más** sensibles al cambio angular que al lineal. Si queremos que el gráfico se alinee con la narrativa de que "el cambio climático **_es_** una emergencia" [100]. ¿Qué tipo de gráfico se adecua mejor a la narrativa? Ver también GIF animado en [104, 105].

Caso: KDnuggets

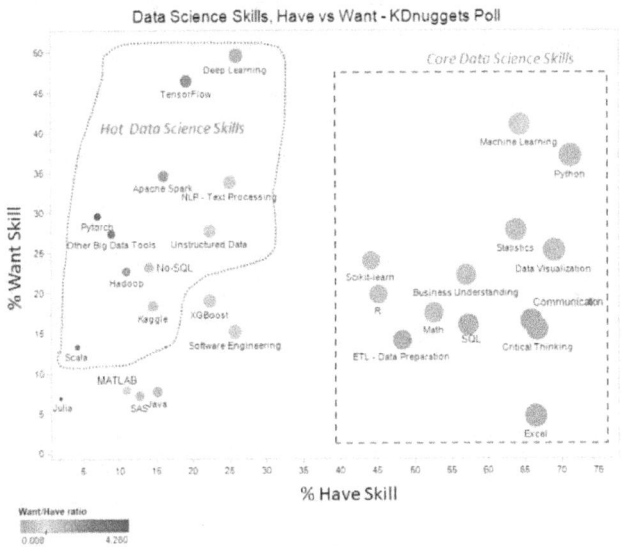

Fig 69 Las habilidades de ciencias de datos más buscadas en 2019

En 2019, Gregory Piatetsky, editor del influyente *Kdnuggets.com*, publicó este gráfico (**figura 69**) [108]. Utiliza varias técnicas de visualización muy potentes:

1. **Gráfico de dispersión** en 2D Eje 'Y' son las habilidades mas deseadas. El eje 'X' las habilidades ya conocidas.

2. **Clusterización** jerárquica. Dos clústeres. Simplifica y crea significado.

3. El canal de **color** se usa para mostrar el ratio *Want vs. Have* usando la metáfora de color frio (azul),

caliente (rojo).

4. El canal del tamaño es usado para modificar las marcas según numero de respuestas (para indicar significación).

El gráfico se basa en una encuesta. La encuesta tiene solo dos preguntas: ¿Qué habilidades/áreas de conocimiento posee actualmente?, ¿Qué habilidades desea añadir o mejorar? **KDnuggets** recibió 1.500 respuestas. La tabla 2 muestra los datos agregados por habilidad.

Habilidades mas deseadas

Habilidad	Tengo	Quiero	Q/T
Python	71,2%	37,1%	0.52
Visualización de Datos	69,0%	**25,3%**	0.37
Pensamiento Crítico	66,7%	15,5%	0.23
Excel	66,5%	4,6%	0.07

...

Tabla 2. Datos agregados de la encuesta KDnuggets.

¿Cómo podemos visualizar estos datos en una forma más significativa? ¿Qué espacio de diseño es el más apropiado dados los datos? Tiempo 4 horas. Sugerencia: Ver Gartner [107].

Solución

Apliquemos todo lo que hemos aprendido hasta ahora: (i) Cómo encontrar un por qué para transformar los datos en información, y (ii) **sintetizar** conocimiento mediante la vinculación de nuestra nueva información a un marco para que sea útil en la **toma de decisiones**. Sin embargo, antes de encontrar un *por qué*, exploremos primero los datos. La primera reacción es hacer un gráfico de dispersión para identificar aquellos grupos de interés que pudiera haber.

Paso 1 Resumir los datos en información

El eje 'X' podría medir el porcentaje de encuestados que ya poseen una destreza en particular (Python, java...), y el eje 'Y', el porcentaje de los susodichos a los que les gustaría tener esa destreza (quiero). Sin embargo, hay demasiados puntos a representar para que un ser humano no se confunda (sobrecarga de información). Es un caso clarísimo, y por ello en la **figura 70** se utilizó el meme de Jackie Chan para transmitirlo.

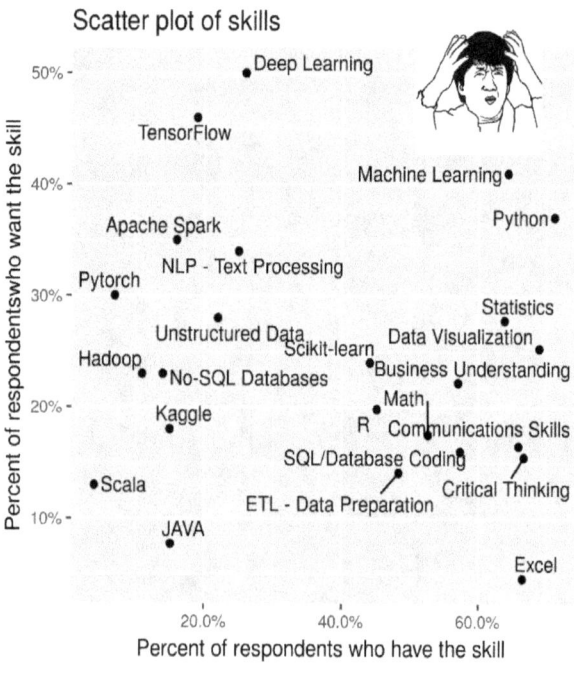

Fig 70 ¿*Víctima de sobrecarga de información?*

Paso 2 Clusterice para crear significado

¿Cómo transformar esta información en conocimiento? Tomemos nota del célebre **Cuadrante Mágico de Gartner**, un marco de pensamiento comúnmente utilizado en la *inteligencia de negocios*[37]. Reduce la complejidad a niveles humanos al clasificar nuestros datos en cuatro cuadrantes. Un ejemplo de aplicar el principio de Clusterización jerárquica [107].

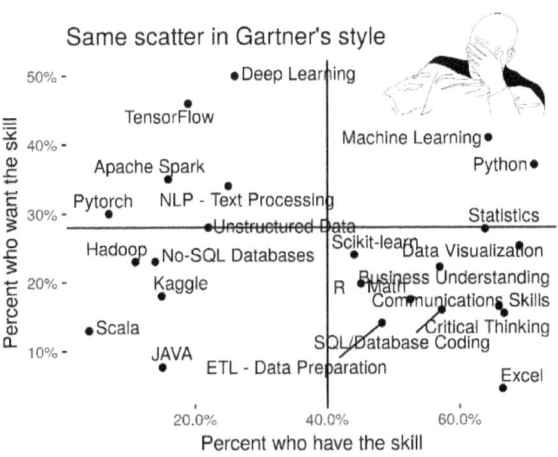

Fig 71 Gartner utiliza el esquema de cuadrantes para agrupar y reducir la complejidad para dar sentido.

---

[37] *También conocida como BI, de Business Intelligence.*

Paso 3 Alinee el eje con la flecha del valor

Sin embargo, la **figura 71** está lejos de estar lista. El eje 'Y' está alineado con la metáfora de la gravedad (destrezas altamente deseada, están altas en el eje 'Y'). Sin embargo, el eje 'X' no está alineado con otra regla no escrita, (ésta por Guy Kawasaki): "Cuando hacemos un gráfico, queremos los objetivos deseados arriba y a la derecha" (Ver su famoso video en [110]). En este caso, la destreza más deseada (*Deep Learning*) está en el lado equivocado: es necesario voltear el eje 'X', ver **figura 72**.

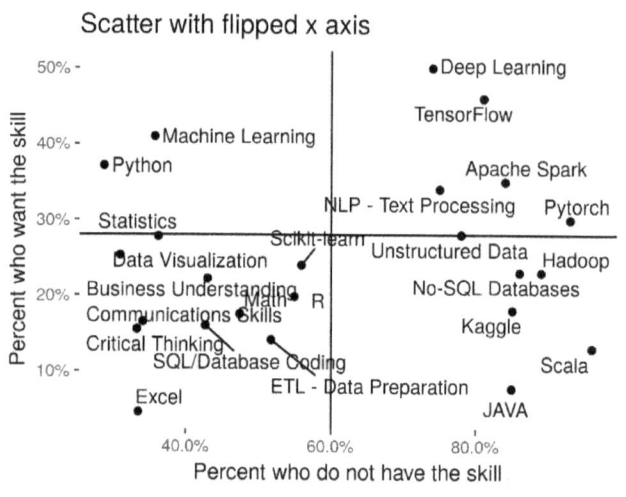

***Fig 72** Los objetivos deseables deben estar "altos y a la derecha" - Guy Kawasaki.*

Paso 4 Hágalo memorable

Si hace un gráfico y nadie se acuerda de él. ¿Sigue siendo útil? En la **figura 72**, se agruparon las habilidades en cuatro categorías, pero ¿para qué sirve si nadie se acuerda de ellas? Una forma de ayudar a su audiencia a recordar es el uso de personajes famosos (memes). Apliquémoslo. En la **figura 73** cada cuadrante significa:

1. Habilidades no deseadas (Tengo, pero, no quiero = Excel)

2. No, gracias (No quieren y no tienen = JAVA)

3. Habilidades calientes (Quieren, pero no tienen = Flujo Tensor)

4. Habilidades amadas (Quieren y tienen = Python)

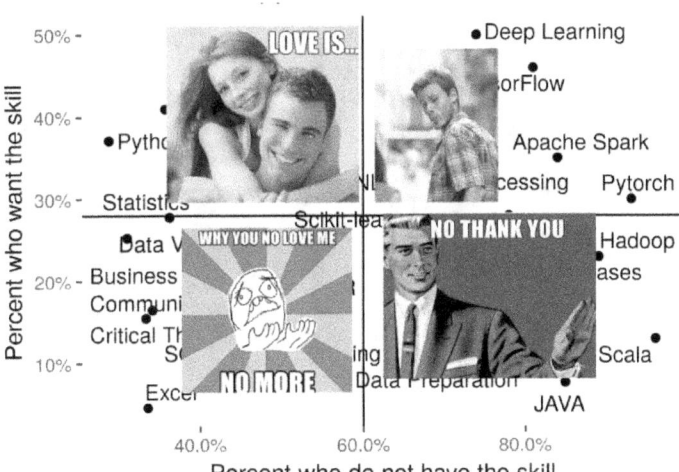

Fig 73 Cultura pop, utilizarla para hacer su gráfico llamativo.

Paso 5 Etiquete y estratifique con jerarquías

¡No tema anotar en su gráfico! Los subtítulos son una oportunidad para aclarar el significado y añadir un toque a su historia (no todas son visuales). Note cómo en la **figura 74** se rompió la simetría de las etiquetas con el posicionamiento inesperado de la etiqueta LOVED, (Feng-Shui para los gráficos). Esto asegura que el lector irá a este cuadrante después de visitar todos los demás. La etiqueta para este cuadrante se encuentra dentro del meme (No, gracias). Note cómo hemos **estratificado** la información en jerarquías (meme, etiquetas cuadrantes, cuadrante representativo). Hemos respetado el límite de 7 fragmentos en cada capa para evitar la sobrecarga. El significado se logró mediante la vinculación a un marco existente, organizando los datos en cuadrantes y etiquetándolos.

Paso 6 Encontrar la Narrativa

Por último, un buen gráfico siempre tiene un propósito claro. Es normal encontrar la información más interesante al final del proceso (Paso 6 o 7). Una vez que el conocimiento se ha encontrado y visualizado, el por qué se hizo el gráfico será evidente. Mi por qué para este gráfico es: "Me gustaría ver más Python y menos Java en mis clases".

Fig 74 ¿Pueden los memes hacer memorable un diagrama de dispersión?

Paso 7 Conectar a un marco de referencia

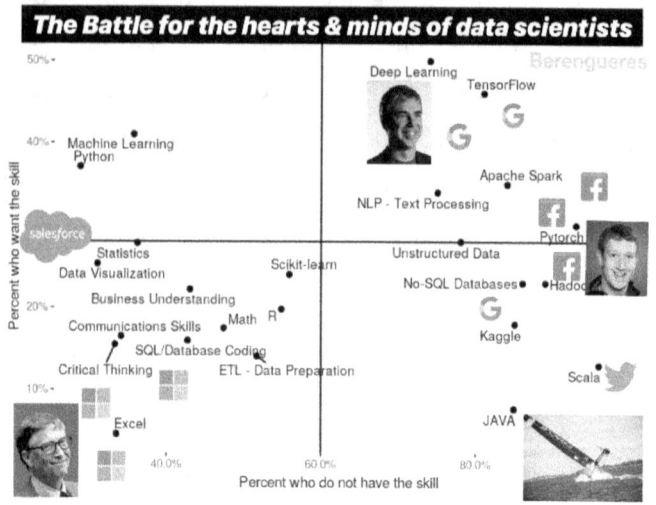

Fig 75 *Salesforce adquirió Tableau. ¿Por qué?*

Ahora que hemos creado conocimiento, ¿podemos usar este gráfico como una herramienta de pensamiento? Una manera es imaginar contextos donde este gráfico pudiera ser útil. ¿Dónde podría ser útil este gráfico?

Seguramente habrá usted oído hablar de *La Nube* (cloud). Pues bien, varias empresas compiten por el multibillonario negocio que supone dar servicios de computación a terceros. La llamada guerra por (el negocio) de la nube entre Microsoft y Google es famosa. Y se libra en varios frentes. Como con software como PowerBI, y servicios como Kaggle.com. La **figura 75** visualiza quien esta detrás de los principales actores en este codiciado sector.

Caso: Un relato basado en el pensamiento diferencial

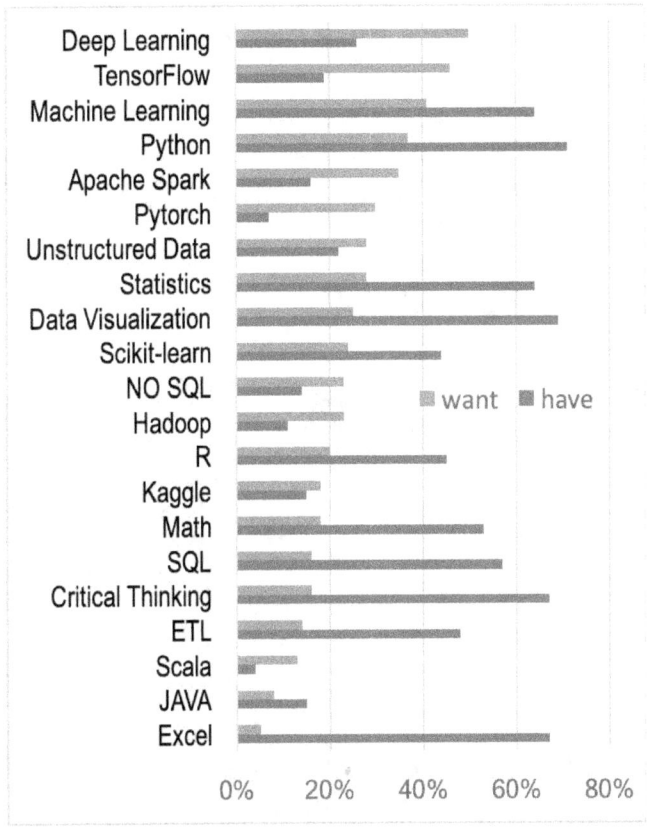

Fig 76 ¿Cómo mejorar este gráfico?

En el mismo post, KDnuggets publicó este gráfico. Su propósito era mostrar la **brecha** entre destrezas que se tienen y las que se *quieren* sin perder de perspectiva de las magnitudes absolutas implicadas en cada ítem. ¿Por qué falla este gráfico? ¿Qué elementos de este gráfico se podrían suprimir para hacerlo más significativo y sin pérdida de información? (No hay requisitos para este gráfico). Tiempo 1 hora. **Sugerencia**: Véase pila de barras con componentes negativos de McKinsey.

Solución

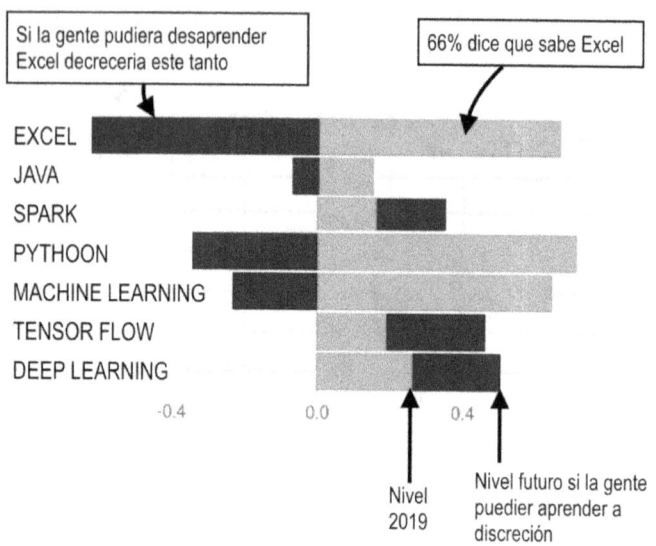

Fig 77 Si la gente pudiera desaprender destrezas, ¿lo harían?

Paso 1 Considere diferenciales

El autor quiere mostrar para cada destreza tres atributos:

1. **Las que se tienen**
2. **Las que se quieren**
3. Las que presentan mayor diferencial (**brecha**)

De estos tres atributos sólo dos son variables independientes. Aplicando el principio de eliminación de información superflua mostremos solo dos: (i) el tener, y el (ii) diferencial con quererla. En el caso de la destreza Excel, el 66% dice que tiene el conocimiento de Excel, pero solo el 5% la quiere ahora. ¿Esta brecha (del 61%, en oscuro) indica cuántas personas querrían olvidar Excel si pudieran?

Paso 2 Prediga el futuro

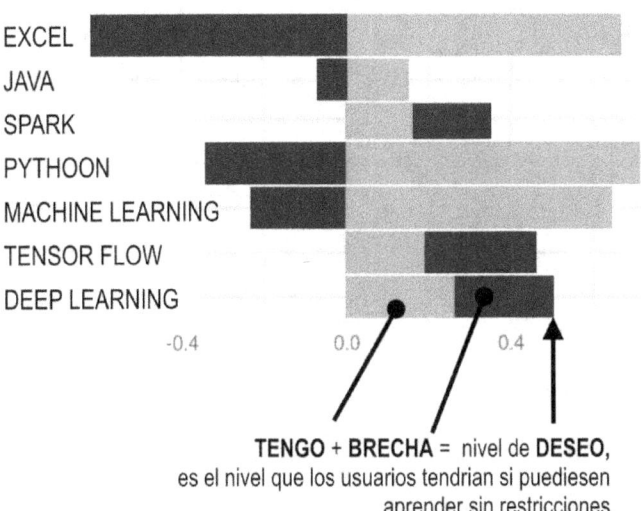

Fig 78 ¿Qué pasaría si usted pudiera aprender todo lo que quisiera?

Este gráfico se ha convertido ahora en un **vaticinador** de lo que sucedería si la gente pudiera aprender lo que dice que desea aprender. En la **figura 78**, *tengo* es el nivel actual (prevalencia). *Tengo + brecha* es el nivel futuro. En el caso diferenciales negativos, las barras de separación se representan en el otro lado del eje 'Y',¿ Un fallo de la función de apilamiento de ggplot2 o una característica afortunada?

Paso 3 Evolucione la narrativa

Observemos cómo, en la **figura 71** la historia estaba dominada por una narrativa-competencia entre destrezas al usar barras. Sin embargo ahora hemos cambiado a una narrativa de **mentalidad de crecimiento**[38] con una simple hipótesis "¿Qué pasaría si uno pudiera aprender todo lo que quisiera? ¿Cómo podemos usar este gráfico para priorizar qué destrezas enseñar? Fuente [108].

---

[38] *Ver también Growth-mindset, y mentalidad win-win.*

Capítulo 6. Sesgos y Prejuicios

co-autora Marybeth Sandell

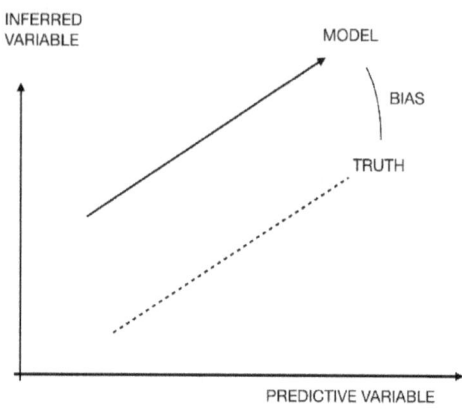

Fig 86 *El sesgo (bias) es poco ético cuando es injusto con la verdad (truth), por lo general contra las minorías.*

En este capítulo, aprenderá lo que es el sesgo y cómo puede afectar a una visualización basada en datos. Sesgo no solo se puede clasificar por su punto de entrada (datos, historia, narrativa), sino también por el área que explota en el sistema de la cognición (ilusiones ópticas, sesgos culturales). Es fácil asumir que el sesgo es intencional. Sin embargo, el sesgo puede surgir por muchas razones.

En primer lugar, el sesgo puede estar embebido en los datos en sí, de forma deliberada, por la forma en que se recoge la información y también accidentalmente, por no darse cuenta de lo que falta. En segundo lugar, puede aparecer un sesgo a medida que se elabora la historia. Esto también puede ser intencional seleccionando datos existentes, o accidental, en los casos en los que no se dedica suficiente tiempo a explorar todos los datos disponibles (generalmente debido a la presión del tiempo).

En tercer lugar, el sesgo puede ser incrustado en la propia narración. A menudo esto es intencional, como en la propaganda. Pero también puede ser involuntario como en los casos de los prejuicios culturales.

Tipos de sesgos cognitivos

En términos generales, sesgo es cualquier error sistemático. En otras palabras, una diferencia sistemática entre un modelo y la "verdad" que supuestamente representa[39]. En Ciencias Sociales, los sesgos se juzgan como poco éticos cuando son injustos (por lo general hacia una minoría). Véase también marcos éticos.

El sesgo puede afectar al productor del gráfico (como en el sesgo de selección en los datos) y también al consumidor del gráfico, por ejemplo en Groupthink: pensar como el rebaño; la falacia de la mano caliente; y así sucesivamente. ¡Los psicólogos y los economistas del comportamiento han identificado más de 200[40] tipos de sesgos cognitivos! Estos se pueden clasificar en tres grupos:

1. sesgo de **creencia**

---

[39]*En los campos de la ciencia y la ingeniería, el sesgo se define como opuesto a la exactitud, como una desviación sistemática de la media esperada.*
[40]*Fuente: https://en.wikipedia.org/wiki/List_of_cognitive_biases*

2. **prejuicio** social

3. sesgo de la **memoria**

Además de los sesgos cognitivos mencionados, cuando se trata de la visualización de datos, también se aplican los sesgos de percepción visual. Veamos algunos ejemplos.

Las formas más amplias de sesgo inconsciente se deben a la **falta de conciencia** y están tan arraigados en la sociedad que, por lo general, son normas culturales y/o morales también. Tenga en cuenta que no todas las normas culturales están sesgadas, y que la mayoría de las normas evolucionan más lento que la sociedad y por lo general van quedándose atrás con respecto a la realidad. Ejemplos de sesgo en la narrativa consciente son la propaganda y la desinformación. Las técnicas típicas utilizadas son FUD (por sus siglas en inglés) o Miedo, Duda e Incertidumbre; como se ve con la industria del tabaco y FLICC[41] (Falsedades, Mentiras, Errores Lógicos, Expectativas imposibles, Exclusión de Datos que no interesan y Teorías de Conspiración) como se ve con la negación del cambio climático [42]. Revisemos un ejemplo.

---

[41] *FLICC del inglés Flasehoods, Lies, Impossible expectations, and cherry picking.*
[42]*https://skepticalscience.com/, [125].*

Caso de estudio: ¿Una comida equilibrada?

En la segunda mitad del siglo XX, se asumió que una dieta equilibrada era óptima para la salud. En la escuela, a muchos niños (a mí también) se les mostraron los gráficos con los grupos de alimentos relativamente equilibrados. Sin embargo, otras culturas y algunos trabajos de investigación independientes muestran que la narrativa de alimentación equilibrada más extendida en el mundo tal vez no es la más saludable. Por ejemplo, la Dieta de Okinawa contiene menos de un 5% de proteína animal y no incluye derivados de la leche. Esta dieta se considera peligrosamente desequilibrada según el actual pensamiento dietético dominante en Occidente. Sin embargo, los habitantes de Okinawa reportan una de las esperanzas de vida más saludables y más largas del mundo.

Al contar una historia visual, cómo se usan los datos y se presentan puede inducir sesgos conscientes e inconscientes (bien conocido en la publicidad y neuropsicología). Esto se puede hacer a través de la selección y la presentación de los datos, los colores utilizados y así sucesivamente. Veamos un ejemplo.

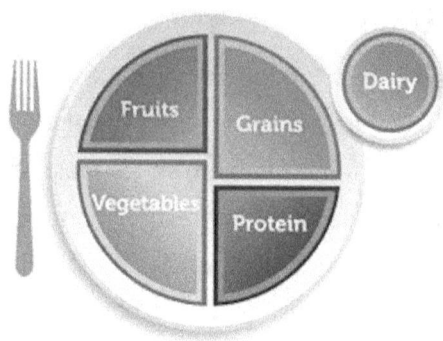

Fig 87 *¿Falacia lógica? ¿Cómo podría esta "equilibrada" dieta no ser saludable si se equilibra?[43]*

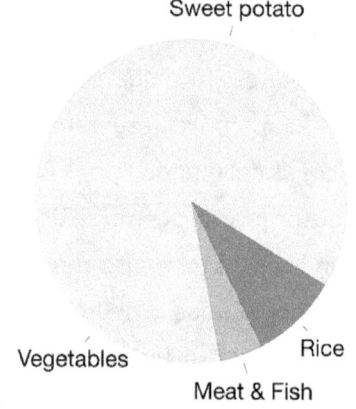

Fig 88 *Dieta de Okinawa, totalmente desequilibrada, pero ¿más saludable?* [44]

---

[43] *Fuente: Departamento de Agricultura de EE.UU.*
[44] *Fuente: [112]. Dieta de Okinawa en 1950 se correlaciona con la esperanza de vida más largas y más saludables del mundo. ¿Se refuta la creencia popular de que una dieta desequilibrada no puede ser saludable?*

Ejercicio: ¿Alemanes trabajadores?

La **figura 89** es un gráfico creado por la Agencia de Desarrollo Económico de Alemania. Utilizaron datos de la UE para demostrar que los alemanes trabajan más tiempo (y en labores más complejas) que la media. ¿Pero cuánto más? ¿Puede identificar dónde está el sesgo? Tiempo de 4 minutos.

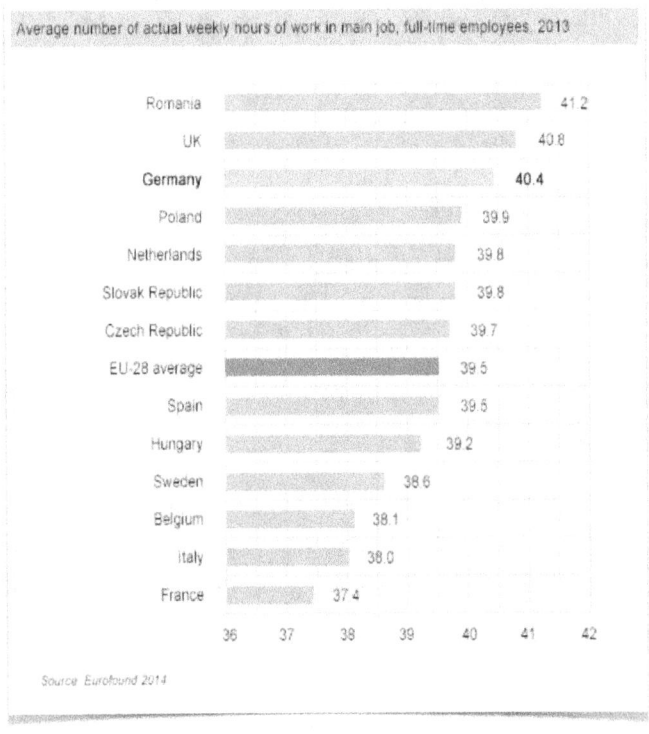

Fig 89 ¿Una vista parcial?

Solución

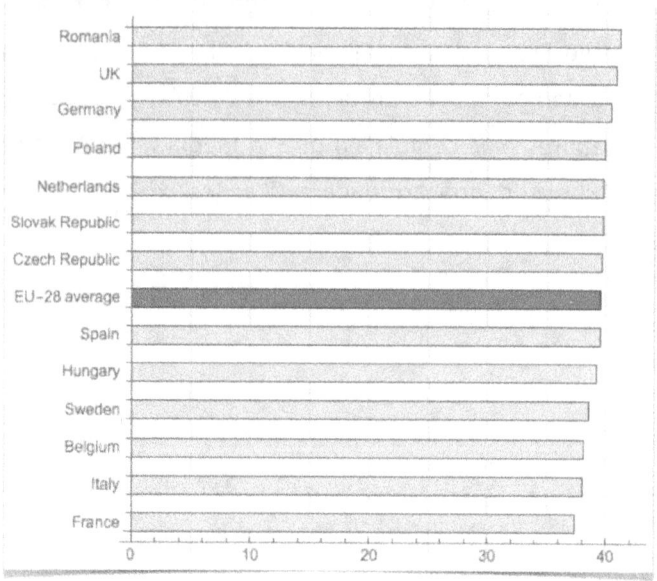

Fig 90 *Una visión más completa.*

Sesgo en Datos

En el Periodismo, el sesgo en los datos viene en tres grandes grupos: los paraguas defectos de selección, la asimetría y la omisión. Algunos ejemplos incluyen: cómo se hacen las preguntas (como en las preguntas principales); sesgo en la hipótesis o suposiciones; errores matemáticos y defectos de diseño de la encuesta. Veamos un ejemplo de un caso de sesgo de selección[45].

---

[45]*Este caso es un ejemplo de dos tipos de sesgo: (i) sesgo de creencia (mal juico a causa de la influencia de una creencia o fe), y (ii) sesgo de confirmación (buscar y considerar solo datos que confirmen lo que ya creemos e ignorar los demás). Es sesgo de creencia se ve en que después*

Caso de estudio: Las mentiras de la Austeridad

Crecimiento en tiempos de deuda (2010) fue un articulo publicado por Carmen Reinhart y Ken Rogoff – un ex economista jefe del Fondo Monetario Internacional. En el se proponía que la economía de un país disminuye significativamente si su deuda se eleva por encima del 90% del PIB. Este articulo se esgrimió para justificar planes de austeridad de varios gobiernos en aras de aumentar el PIB, (ver marcos éticos en el cap. 1). Para avalar dichas afirmaciones los autores compilaron una tabla Excel con varios países, sus deudas y sus PIBs. Un estudiante tratando de reproducir los resultados, descubrió que, de los más de 20 países considerados para hacer la estadística, algunos países importantes se habían omitido sin explicación alguna. Más tarde, el profesor Michael Ash señaló otra conducta rara en el método de promedio de ponderación utilizado. Por ejemplo: "Nueva Zelanda (un país de población inferior a 5 millones de personas) que tuvo un solo año (1951) de recesión, con un crecimiento de -8%, contaba lo mismo que 20 años de bonanza económica de Gran Bretaña (PIB +2.5% anual, población de 60 millones)". Es decir una desproporción de 240 a 1.

Hemos visto tres ejemplos de sesgo: en la (i) historia, los (ii) datos y la (iii) narrativa. Veamos ahora otros sesgos que

---

de destaparse que los autores había manipulado los datos de forma poco profesional, se negaron a retractarse de su creencias sobre la austeridad. [126,130]

con mas riesgo en entornos visuales.

Otros sesgos en entornos visuales

1 Sesgo de confirmación

Tendemos a creer las declaraciones y los datos que confirman nuestras creencias e ignoran la evidencia que no nos gusta. (ver apartado anterior).

2 Efecto de superioridad de las Fotos

Presentaciones con gráficos tienen más credibilidad.

3 Sesgo Autogeneración

Tendemos a recordar lo que decimos mejor que lo que otros dicen. Por lo tanto, si usted hace una pregunta durante su presentación visual, y deja que el público llegue a la conclusión entonces ellos recordarán mejor la respuesta.

4 Ilusión de Verdad

Es más probable que identifiquemos como verdaderas las declaraciones que vemos o escuchamos en reiteradas ocasiones. Si tomamos el caso de Twitter, que un tweet haya sido retuiteado por múltiples fuentes no significa que sea correcto. Por ejemplo, el documento de austeridad anterior fue citado más de 2000 veces antes de que se descubriera el sesgo.

5 Engaños ópticos

Otra forma en la que los elementos visuales pueden ser ilusorios son los engaños ópticos. En 2015, en el artículo *"How Deceptive are Deceptive Visualizations?"*, el Dr. Pandey estudió cómo tales manipulaciones se utilizan en gráficos [127]. La mayoría de las manipulaciones en los gráficos consisten en jugar con los niveles de zoom de los ejes y rezar para que nadie lo note. Tenga en cuenta que no es una excusa para decir que no ocultaron la escala del eje, la forma en que Panday mide el engaño es midiendo lo que la gente entendió después de ver una imagen, no lo que está escrito en la imagen.

Caso: Los incendios forestales de las Amazonas

El sesgo se puede encontrar en múltiples niveles. Por ejemplo, al recordar los incendios de la selva amazónica de Brasil en el verano de 2019, sabemos que esta historia dominó los principales medios de comunicación del mundo por varias semanas, ya que algunos lectores expresaron su indignación por el impacto que los incendios tendrían sobre el clima de la tierra.

Ejercicio: Detecte posibles sesgos

Aplicar lo que hemos aprendido hasta el momento para encontrar posibles sesgos en el siguiente gráfico. Tiempo de 5 minutos.

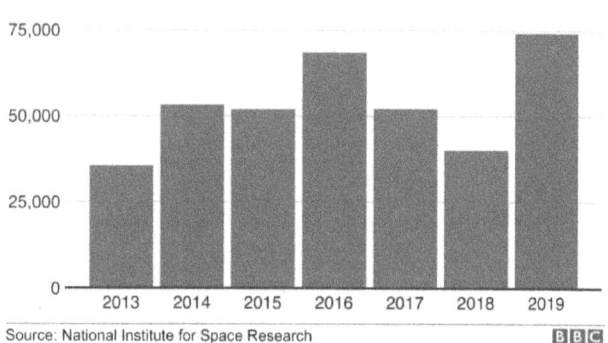

Fig 91 ¿Dónde está el sesgo?

Solución

Los datos fueron centrales en esta historia. ¿Cómo de serios fueron los incendios? Había una fuente de datos principal - el Instituto Nacional de Investigaciones Espaciales (INPE[46]). Inicialmente, la cobertura de noticias presentó datos que alentaron al lector a indignarse y sospechar que se avecinaba una crisis.

Los datos del gráfico se muestran en el número de incendios desde 2013 hasta 2019. El gráfico lleva al lector a pensar que este era el nivel más alto de incendios de la historia. De hecho, CNN el 22 de agosto de 2019 escribió una historia en la dice que el bosque estaba "ardiendo a un ritmo récord". En la primera frase de esta historia CNN dijo que la velocidad de combustión fue un récord "desde que el INPE comenzó a dejar registro audiovisual de los incendios en 2013". Entre el uso de palabras como 'doble' y 'registro' y el uso de una imagen con la barra de 2019 que se cierne sobre todos los demás años expuestos, la narrativa fue establecida. Y sin dudas, agencias como CNN agregaron al título de su nota escrita "... y los científicos advierten que podría dar un golpe devastador para la lucha contra el cambio climático."

---

[46]*El Instituto Nacional de Investigaciones Espaciales. Se trata de una unidad de investigación del Ministerio de Ciencia, Tecnología e Innovación de Brasil*

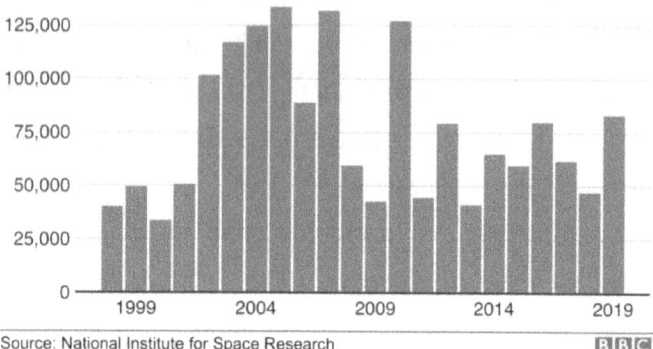

Fig 92 El buen periodismo?

Sin embargo, una señal de diligencia debida es siempre preguntar si hay más datos. A menudo están allí, pero no están disponibles en línea o no son gratis. Pueden estar en el estante de una biblioteca o detrás del muro de pago de un medio. Pueden existir, pero el reportero, siempre trabajando contra el tiempo no tuvo tiempo de mirar, o incluso posiblemente lo ignoró de manera intencional.

En este caso, INSE sí tenía más datos en cuanto al número de incendios (¡que no estaban online!). La BBC actualizó su gráfico para incluir más años. Aquí se muestra cómo se veía el gráfico al profundizaren los archivos que no estaban en línea.

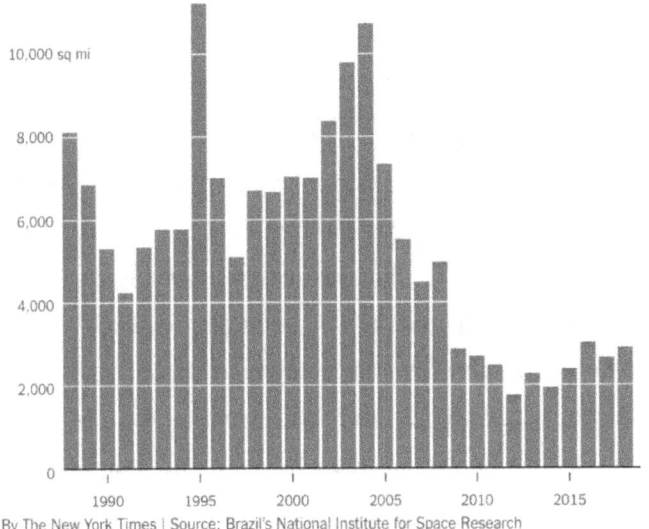

Fig 93 Un mejor periodismo.

Sin embargo ¿es esta la mejor información que podemos obtener? ¿Hay más? Considere lo que se está midiendo: número de incendios. ¿Quiere decir que si encendemos cinco pequeños incendios hoy y mañana uno grande, el número total de incendios está disminuyendo? A continuación, el New York Times publicó el siguiente gráfico. En este caso, tenemos la misma fuente, INSE, pero la medida usada fueron las millas cuadradas que se han incendiado. Los números utilizados inicialmente no estaban mal, sino que no estaban completos o no eran un reflejo fiel de la situación, un caso de sesgo de selección inconsciente.

Las 4 reglas de oro para prevenir sesgos

1 Prestar atención a las palabras

Cualquier conjunto de buenos datos ofrecerá transparencia respecto a la **metodología** con la que se han obtenido los datos. Esto significa prestar especial atención a qué preguntas hay en una encuesta, y a cómo se hacen o hicieron las preguntas. Por ejemplo, cualquier uso de adverbios y adjetivos en preguntas es de por si un síntoma de problemas ya que por lo general, están cargados de sesgos y connotaciones que influyen demasiado.

2 Siga la pista del dinero. ¿Quién pagó por la investigación?

Las grandes tabacaleras nos mostraron que la organización que **paga** la investigación puede controlar sus resultados. Por ejemplo, los grupos de presión de la industria del huevo están pagando por una investigación en universidades acreditadas para promover evidencia que muestra que los huevos no aumentan el colesterol malo en los seres humanos. En la década de 1960, la industria azucarera pagó a los profesores para que produjeran datos que hicieran creer a los consumidores que la grasa era un peligro mayor para la salud que el azúcar.

La lista continúa. La próxima vez que vea una investigación o noticia sobre la salud o el medioambiente, trate de descubrir la identidad del patrocinador financiero final. Siga el dinero.

3 Preste atención a los métodos estadísticos utilizados

Como ya hemos visto, a veces los datos han sido seleccionados para apoyar intencionadamente una posición. Después de realizar un análisis estadístico, una buena regla general es corroborar siempre los resultados con un científico de datos más competente para que ayude a encontrar los defectos. Funciona de maravilla y se puede aprender mucho.

4 Tenga en cuenta la disponibilidad de los datos

El hecho de que los datos no estén disponibles en Internet de manera gratuita no significa que no existan. Los periodistas post Millennials - a los que nunca se les enseñó cómo investigar antes de que existiera Internet- son particularmente vulnerables a este sesgo.

Caso: Tweets incendiarios

Ejercicio: ¿Dónde está el problema en este Tweet?

Fig 94 ¿Dónde está el problema en este tweet?

Solución

La foto es falsa. Al usar la búsqueda de Fotos de Google se descubrió que corresponde a la vista aérea de un incendio en la Estación Ecológica de Taim, en Río Grande do Sul, a sur de Brasil, el 27 de marzo de 2013. No se trata de los incendios forestales amazónicos de 2019. El New York Times escribió el 23 de agosto sobre cómo se difundieron imágenes engañosas durante los incendios forestales del Amazonas. Fuente: [113].

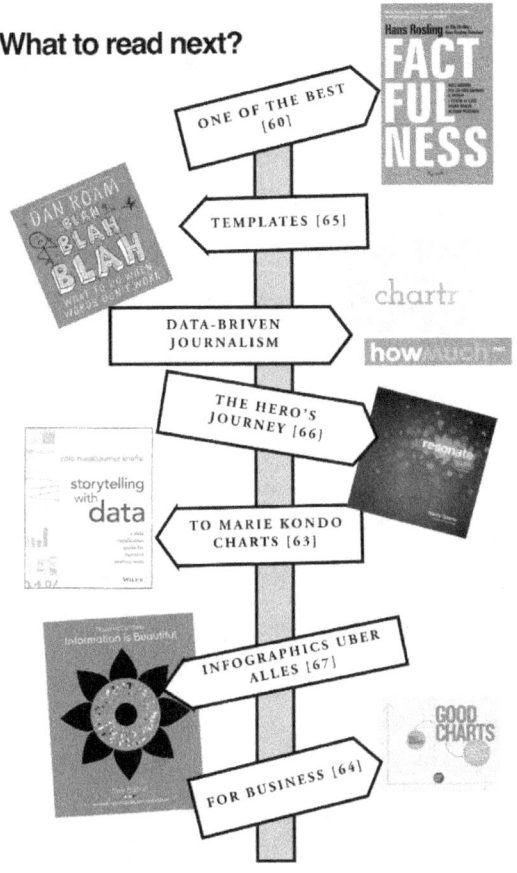

Fig 95 *Dirección metáfora polo, más centrado en las personas de una lista.*

Reconocimiento

Este libro recibió la ayuda de muchos amigos. Un agradecimiento especial a Brian Sedaca, Cheryl Shuttle, Ricardo Bragança, Liz Ortiguera, Agatha Braja, Kumiko Sasaki, Louise Taylor, Natalia Rodríguez, Eric Nylen, Ferran Pujol, Eva Mitchell, Cliff Hazel, James Piecoway, *Head or Tails* y Paul. Extiendo también mi gratitud a Anthony Goldblom, Carolina Ampuero, Francois Cadiou, Nicolás París, Alex Ríos, Steven Anthony, a la Biblioteca DiDi, al Comité Organizador de la Conferencia del Gobierno digital de 2019, SNASK, Susanna Vento, Kai Bruns, 710stories, al equipo de Ivory&Gold, y al equipo Kaggle. El estilo de libro electrónico se basa en la 3ª edición de "No me hagas pensar", libro electrónico; por lo cual estoy muy agradecido del autor.

Índice alfabético

2D, 87, 90, 91, 96, 98, 106, 123
7 fragmentos, 55, 84, 85
Aha, 25, 74, 168
Al Gore, 138
Alemania, 175
Análisis Prescriptivo, 44, 86
Angla Graber, 9
Antropomorfizar, 77
Banco Mundial, 90
barras, 10, 51, 52, 61, 63, 64, 68, 153
Bill Gates, 10
brecha digital, 73
Brexit, 33
BRICS, 80, 82, 89, 90
cambio angular, 61
cambio climático, 139
Casa de Shiva, 85
China, 89
color, 11
colores, 44, 47, 51, 63, 67, 68, 90, 173
conciencia situacional, 87
D3, 79
Dan Roam, 117
discriminación, 69
EE.UU, 74, 82, 89, 174
encaje, 53, 73
energía solar, 127
equidad de género, 52, 54, 55
Esopo, 29
espacio de diseño, 87, 98, 141
espacio negativo, 134
ETH, 102
Europa, 41, 82, 129
Excel, 10, 13, 15, 141, 146, 152
flecha del valor, 18, 145
Gantt, 87
generaciones en la fuerza laboral, 69, 73

Gestalt, 154, 163
ggplot, 11, 67, 82
gráfico Casa de Shiva, 78
gráfico circular, 51, 64, 79, 83, 120
gráfico de barras, 83
gráfico de dispersión, 142, 165
Gráfico de dispersión, 140
gráfico de planetas, 122, 126
gráfico en espiral, 139
gráfico **Gartner Magic Quadrant**, 144
gráfico logarítmico, 126
gráfico *Marimekko*, 78
gráfico pila de barras, 151
gráfico podio, 85
gráfico torta, 79
gráficos 2D, 127
gráficos de esferas 3D, 125
Gregory Piatetsky, 140
Groupthink, 171
Guy Kawasaki, 145, 200
Harald Eia, 88, 197
Harry Potter, 44
Hugo McLeod, 24
inclusión, 71, 74
Índice de Innovación Global, 90, 94
Innovación, 87, 92, 94, 102, 105, 106, 114, 115, 181, 195
INSEAD, 92
inteligencia de negocios, 144
iso-medida, 64
Jackie Chan, 20, 143
John Maeda, 9
Kahneman, 155
Leo Tschirsky, 102
Ley de los 7 fragmentos, 147
Lluvia de ideas, 103
marco de conocimiento, 12
marco de pensamiento, 82, 144, 161
marco de referencia, 68, 69, 70, 71, 74, 149
marcos de conocimiento, 90
marcos de referencia, 66, 67, 70, 71, 73, 74

marcos éticos, 171, 177
marcos mentales, 156
Marie Kondo, 81
Matriz de Gap, 99
matriz de habilidades, 99
McCandless, 117, 198
McKinsey, 99
memoria de trabajo, 81
mentalidad de **crecimiento**, 128
Michael Ash, 177
Millar, 155, 162, 201
momento Aha, 134
Netflix, 30
New York Times, 183
Okinawa, 174
oxitocina, 30, 39, 40
per cápita, 88, 114, 115, 137
percentiles, 74
PowerPoint, 9, 10, 82, 84, 85
principio de reversión a la media, 93
Python, 13, 47, 48, 76, 141, 143, 146, 148
Q-Cells, 128
regresión, 92, 93, 95, 137
reversión a la media, 93, 95, 114, 164
Rueda de la Vida, 109
Sabiduría, 15
salas de guerra, 87
Singapur, 89
sobrecarga cognitiva, 159
sobrecarga de información, 25, 64, 67, 68, 80, 117, 143
STEAM, 9
STEM, 9, 54
Steve Balmer, 77
Steve Jobs, 11, 168, 197
Sweller, 159, 201
Tableau, 13, 149
teatro de *improvisación*, 134
teoría social del Encuadre, 160
Tiktok, 134
toma de decisiones, 13, 86, 142, 155, 158, 159, 160, 162

Twitter, 8, 178, 193, 194
UE, 175
Walter Isaacson, 11
Wardley, 87

Contacte

Por email

(con sugerencias y para pedir las diapositivas a color)

jse@ieee.org

Por Twitter

@dataviz101

#dataviz101

(para compartir ejercicios y fotos)

Sobre los autores

José Berengueres

José Berengueres es de Barcelona, España. Es doctor en Ingeniería en robótica por el Instituto de Tecnología de Tokio. Ha trabajado en el C.E.R.N, y actualmente está con el Departamento de Ciencias de la Computación de la Universidad de los Emiratos, donde enseña Visualización, Design Thinking, Ética en IA, y Agile. También ha enseñado Design Thinking y Modelos de negocio en para Apple en Cupertino, para la Universidad de Bilefeld en Alemania, en The School of Design (CEDIM) en México, y Hult Business School. Habitual en foros como PyData, Arabian Business, asesora y capacita en estrategia digital a varias empresas como Awok.com, Lulu Exchange y McKinsey - Quantum Black. En 2007 desarrolló dos startups, un Twitter visual y un website para compartir fotos. Es autor de varios libros educativos como The Brown Book of Design Thinking (2012) y Sketch Thinking: Aprende a comunicar tus ideas visualmente (2016). José recibió la condecoración Kaggle competitions master (2017), y en 2019 recibió el premio Google Kernel Award por su trabajo de visualización. En 2017 recibió un premio Hamdan Bin Rashid al Maktoum por su desempeño académico distinguido.

Marybeth Sandell

Marybeth Sandell es una periodista sueco-estadounidense y ha sido jefa de la oficina de Bloomberg en Londres. Ha trabajado en Estocolmo, Zurich, y Nueva York; y ha enseñado en la Universidad de Carolina del Norte, USA. Obtuvo una Maestría en Comunicación y Tecnología de UNC Chapel Hill y su trabajo se enfoca en crear historias basadas en datos para corporaciones globales y organizaciones sin fines de lucro. Marybeth vive en Estocolmo con su marido y sus dos hijas. Actualmente trabaja en Electrolux, donde es jefa de liderazgo y comunicaciones con los empleados.

Referencias

[1] (2020, January 1). Solving The Equation: The Variables For Women's Success In Engineering And Computing. *AAUW: Empowering Women Since 1881*. Retrieved February 22, 2020, from https://web.archive.org/web/20200222084817/https://www.aauw.org/research/solving-the-equation/

[2] Statt, N. (2018, November 3). Over 20,000 Google Employees Participated In Yesterday's Mass Walkout. *The Verge*. Retrieved February 22, 2020, from https://web.archive.org/web/20200222084920/https://www.theverge.com/2018/11/2/18057716/google-walkout-20-thousand-employees-ceo-sundar-pichai-meeting

[3] Zhang, V. (n.d.). Breaking Down The Gender Gap In Data Science. *Forbes*. Retrieved February 22, 2020, from https://web.archive.org/web/20200222085154/https://www.forbes.com/sites/womensmedia/2017/08/03/breaking-down-the-gender-gap-in-data-science/

[4] https://www.Kaggle.com/paultimothymooney/2018-Kaggle-machine-learning-data-science-survey

[5] https://en.wikipedia.org/wiki/Generations_in_the_workforce

[6] Sinton, E (2011). 'Baby boomers are very privileged human beings' https://www.telegraph.co.uk/finance/personalfinance/pensions/8840963/Baby-boomers-are-very-privileged-human-beings.html retrieved October 23, 2013 from www.telegraph.co.uk

[7] Ken Blanchard Companies. (2009). Next Generation of workers. http://www.kenblanchard.com/img/pub/Blanchard_Next_Generation_of_Workers.pdf Retrieved October 14, 2013, from kenblanchard.com

[8] Adecco Group UK and Ireland. (nod). Managing the modern workforce. http://www.adeccogroupuk.co.uk/SiteCollectionDocuments/Adecco-Group-Workplace-Revolution.pdf Retrieved October 13, 2013, from www.Adeccouk.co.uk

[9] Lukianoff, G. and Haidt, J., 2018. The coddling of the American mind: How good intentions and bad ideas are setting up a generation for failure. Penguin.

[10] https://en.wikipedia.org/wiki/Affluence_in_the_United_States

[11] https://www.epi.org/blog/top-1-0-percent-reaches-highest-wages-ever-up-157-percent-since-1979/

[12] J. Berengueres, Sketch thinking. 2016

[14] Palmore, Erdman. Ageism: Negative and positive. Springer Publishing Company, 1999.

[15] https://www.Kaggle.com/ash316/Kaggle-journey-2017-2018

[17] https://www.Kaggle.com/harriken/brics-growth

[18] See primary vs. secondary color in https://material.io/design/color/the-color-system.html#color-theme-creation

[19] Dutta, S., Reynoso, R.E., Garanasvili, A., Saxena, K., Lanvin, B., Wunsch-Vincent, S., León, L.R. and Guadagno, F., 2018. The Global Innovation Index 2018: Energizing the world with innovation. Global Innovation Index 2018, p.1.

[20] CSV file global innovation in https://www.globalinnovationindex.org/analysis-indicator

[21] World Bank, https://data.worldbank.org/indicator/SP.POP.TOTL

[23] https://www.pinterest.com/pin/281615782925970581/?lp=true

[25] https://www.Kaggle.com/harriken/residuals-fig8b-test

[26] https://www.Kaggle.com/Kaggle/Kaggle-survey-2018

[27] https://www.Kaggle.com/harriken/storytelling-the-2018-Kaggle-survey

[28] Isaacson, Walter. Steve Jobs. 2011.

[29] TEDxTalk, Where in the world is it easiest to get rich? | Harald Eia .

[31] Hyman, J., 2006. The objective eye: color, form, and reality in the theory of art. University of Chicago Press.

[32] https://en.wikipedia.org/wiki/Fear,_uncertainty,_and_doubt

[33] https://en.wikipedia.org/wiki/Merchants_of_Doubt

[34] Hern, A. and Pegg, D., 2018. Facebook fined for data breaches in Cambridge Analytica scandal. The Guardian, 11.

[35] Reynolds, George. Ethics in information technology. Nelson Education, 2011.

[36] Greene, J. D., Sommerville, R. B., Nystrom, L. E., Darley, J. M., & Cohen, J. D. (2001). An fMRI investigation of emotional engagement in moral judgment. Science, 293(5537), 2105-2108.

[37] Schippers, M. C., Scheepers, A. W., & Peterson, J. B. (2015). A scalable goal-setting intervention closes both the gender and ethnic minority achievement gap. Palgrave Communications, 1, 15014.

[38] Kondo, Marie. Spark joy: An illustrated master class on the art of organizing and tidying up. Ten Speed Press, 2016.

[39] Christensen, C. M., Hall, T., Dillon, K., & Duncan, D. S. (2016). Know your customers' jobs to be done. Harvard Business Review, 94(9), 54-62.

[40] Knee, J. A. (2007). The accidental investment banker: Inside the decade that transformed Wall Street. Random House Incorporated.

[41] Ogilvy, D. (2006). Ogilvy on Advertising.

[42] Parvizi, J., Jacques, C., Foster, B. L., Withoft, N., Rangarajan, V., Weiner, K. S., & Grill-Spector, K. (2012). Electrical stimulation of human fusiform face-selective regions distorts face perception. Journal of Neuroscience, 32(43), 14915-14920.

[44] https://www.Kaggle.com/harriken/police-dogs-and-grey-hair-will-save-you-

from-jail

[46] Johnstone, Keith. Impro for storytellers. Routledge, 2014.

[47] Johnstone, Keith. Impro: Improvisation and the theatre. Routledge, 2012.

[48] Cowan, N., 2010. The magical mystery four: How is working memory capacity limited, and why?. Current directions in psychological science, 19(1), pp.51-57.

[49] Gallo, C. 2019. The Art of Persuasion Hasn't Changed in 2,000 Years.

[50] Tufte, E.R., 2001. The visual display of quantitative information (Vol. 2). Cheshire, CT: Graphics press.

[51] https://www.weforum.org/agenda/2017/11/why-iceland-ranks-first-gender-equality/

[54] Norman, D., 2004. Affordances and design. Unpublished article, available online at: http://www. jnd. org/dn. mss/affordances-and-design. html.

[55] Norman, D., 2013. The design of everyday things: Revised and expanded edition. Basic books.

[56] Berengueres, J., 2019, June. Visualization & Storytelling Workshop. In 20th Annual International Conference on Digital Government Research (pp. 532-533). ACM.

[57] Rand, P., 1985. Paul Rand: A designer's art. New Haven: Yale University Press.

[58] https://youtu.be/Plf8slbBzzQ?t=240

[59] Berengueres, J. (2018). "Valuation of Crypto-Currency Mining Operations", The Journal of Cryptocurrency and Blockchain Technology Research "Ledger", Vol. 3, pp 60-67.

[60] Rosling, H., Rönnlund, A.R. and Rosling, O., 2018. Factfulness: wie wir lernen, die Welt so zu sehen, wie sie wirklich ist. Ullstein Buchverlage.

[61] Grant, R.M., 1991. Porter's 'competitive advantage of nations': an assessment. Strategic management journal, 12(7), pp.535-548.

[62] Galton, F., 1886. Regression towards mediocrity in hereditary stature. The Journal of the Anthropological Institute of Great Britain and Ireland, 15, pp.246-263.

[63] Knaflic, C.N., 2015. Storytelling with data: A data visualization guide for business professionals. John Wiley & Sons.

[64] Berinato, S., 2016. Good charts: The HBR guide to making smarter, more persuasive data visualizations. Harvard Business Review Press.

[65] Roam, D., 2011. Blah blah blah: What to do when words don't work. Penguin.

[66] Duarte, N., 2013. Resonate: Present visual stories that transform audiences. John Wiley & Sons.

[67] McCandless, David. Information is beautiful. London: Collins, 2012.

[68] Dweck, C., 2015. Carol Dweck revisits the growth mindset. Education Week, 35(5), pp.20-24.

[69] Berengueres, J., 2007. The Toyota production system re-contextualized. Lulu.com.

[70] Levitt, S.D. and Dubner, S.J., 2014. Freakonomics. B DE BOOKS.

[71] Harari, Y.N., 2016. Homo Deus: A brief history of tomorrow. Random House.

[72] Backes-Gellner, U. and Veen, S., 2013. Positive effects of ageing and age diversity in innovative companies–large-scale empirical evidence on company productivity. Human Resource Management Journal, 23(3), pp.279-295.

[73] Mourant, R.R. and Rockwell, T.H., 1972. Strategies of visual search by novice and experienced drivers. Human factors, 14(4), pp.325-335.

[74] Simon Wardley OSCON 2014 Keynote: "Introduction to Value Chain Mapping"

[75] EE Annual Conference 2017: Simon Wardley keynote

[76] https://love-ely.blogspot.com/2010/08/what-phd-mean-for-you.html

[77] Eames, Charles, and Ray Eames. "Powers of ten, 1977." (1977).

[78] https://howmuch.net/articles/worlds-money-in-perspective-2018

[79] Sinek, S., 2009. Start with why: How great leaders inspire everyone to take action. Penguin.

[80] Dollar Street. https://www.gapminder.org/dollar-street/matrix?lowIncome=135&highIncome=2114

[81] gapminder.org

[82] Dabbs Jr, J.M., Chang, E.L., Strong, R.A. and Milun, R., 1998. Spatial ability, navigation strategy, and geographic knowledge among men and women. Evolution and human behavior, 19(2), pp.89-98.

[83] Salas, C., Broglio, C. and Rodríguez, F., 2003. Evolution of forebrain and spatial cognition in vertebrates: conservation across diversity. Brain, behavior and evolution, 62(2), pp.72-82.

[84] Wynn, T., 2000. Symmetry and the evolution of the modular linguistic mind. Evolution and the human mind: modularity, language and meta-cognition, pp.113-139.

[85] Wynn, T., 2002. Archaeology and cognitive evolution. Behavioral and brain sciences, 25(3), pp.389-402.

[86] Tanaka, K., 1997. An introduction to fuzzy logic for practical applications.

[87] https://www.kaggle.com/harriken/kaggle-journey-2017-2018

[88] Barrett, L.F., 2017. How emotions are made: The secret life of the brain. Houghton Mifflin Harcourt.

[89] Williams, D., 2012. The trickster brain: Neuroscience, evolution, and narrative. Lexington Books.

[90] Zak, P.J., 2014. Why your brain loves good storytelling. Harvard business review, 28.

[91] Jefferys, S., 2003. Liberté, Egalité and Fraternité at work: changing French

employment relations and management. Springer.

[92] Thunberg, G., 2018. Speech at UN Climate Change COP 24 Conference, Poland 2018. Published online on YouTube by Connect4Climate.

[93] Gandhi, P., Khanna, S. and Ramaswamy, S., 2016. Which industries are the most digital (and why). Harvard Business Review, 1.

[94] Berengueres, J., 2015. The Brown Book of Design Thinking: A workshop based approach. UAE University College. https://books.apple.com/mt/book/the-brown-book-of-design-thinking/id761406970

[95] https://learnwardleymapping.com

[96] Burnett, W. and Evans, D.J., 2016. Designing your life: How to build a well-lived, joyful life. Knopf.

[97] https://square.github.io/crossfilter/

[98] Introduction chapter in, Kim, W.C. and Mauborgne, R.A., 2014. Blue ocean strategy, expanded edition: How to create uncontested market space and make the competition irrelevant. Harvard business review Press.

[99] http://index.wrapp.com

[100] Gore, A., 2006. An inconvenient truth: The planetary emergency of global warming and what we can do about it. Rodale.

[101] https://www.kaggle.com/harriken/visualizing-and-storytelling-sales

[102] Naremore, J. ed., 2004. Orson Welles's citizen Kane: a casebook. Oxford University Press on Demand.

[103] https://www.linkedin.com/posts/activity-6567737343908909056-nUHw/

[104] http://blogs.reading.ac.uk/climate-lab-book/files/2016/06/spiral_2017_large-1.gif

[105] http://www.met.reading.ac.uk/~ed/home/twitter.php

[106] Berengueres, J. and Castro, D., 2017, December. Differences in emoji sentiment perception between readers and writers. In 2017 IEEE International Conference on Big Data (Big Data) (pp. 4321-4328). IEEE.

[107] https://en.wikipedia.org/wiki/Magic_Quadrant

[108] https://www.kdnuggets.com/2019/09/core-hot-data-science-skills.html

[109] https://www.kdnuggets.com/2019/10/4-quadrants-data-science-skills-data-visualization.html

[110] Guy Kawasaki, The Art of Start, TIECON 2006

[111] David, Paul A., and Joseph S. Shapiro. "Community-based production of open-source software: What do we know about the developers who participate?." Information Economics and Policy 20, no. 4 (2008): 364-398.

[112] Okinawa diet [Willcox, B. J.; Willcox, D. C.; Todoriki, H.; Fujiyoshi, A.; Yano, K.; He, Q.; Curb, J. D.; Suzuki, M. (October 2007), "Caloric Restriction, the Traditional Okinawan Diet, and Healthy Aging: The Diet of the World's Longest-Lived People

and Its Potential Impact on Morbidity and Life Span" (PDF), Annals of the New York Academy of Sciences, 1114 (1): 434–455, Bibcode:2007NYASA1114..434W, doi:10.1196/annals.1396.037, PMID 17986602

[113] https://www.nytimes.com/2019/08/23/world/americas/amazon-rainforest-fire-photos.html

[114] Economic status cues from clothes affect perceived competence from faces, Nature Human Behaviour (2019). DOI: 10.1038/s41562-019-0782-4, https://nature.com/articles/s41562-019-0782-4

[115] Tversky, A. and Kahneman, D., 1974. Judgment under uncertainty: Heuristics and biases. science, 185(4157), pp.1124-1131.

[116] Thomas, A.K. and Millar, P.R., 2011. Reducing the framing effect in older and younger adults by encouraging analytic processing. Journals of Gerontology Series B: Psychological Sciences and Social Sciences, 67(2), pp.139-149.

[117] Sweller, J., 1988. Cognitive load during problem solving: Effects on learning. Cognitive science, 12(2), pp.257-285.

[118] Kahneman, D. and Tversky, A., 1981. On the study of statistical intuitions (No. TR-6). STANFORD UNIV CA, DEPT OF PSYCHOLOGY.

[119] Source: https://www.bi.team/blogs/in-the-frame-how-policy-choices-are-shaped-by-the-way-ideas-are-presented/ (retrieved 7 December 2019)

[120] Matsumoto, D. and Juang, L., 2016. Culture and psychology. Nelson Education.

[121] https://uxcam.com/blog/gestalt-principles/ (retrieved on 7 dec 2019)

[122] Stewart, P.J., 2019. Mendeleev's predictions: success and failure. Foundations of Chemistry, 21(1), pp.3-9.

[123] Ogilvy, D. and Horgan, P., 1963. Confessions of an advertising man (p. 45). New York: Atheneum.

[124] Loschelder, D.D., Stuppi, J. and Trötschel, R., 2014. "€ 14,875?!": Precision boosts the anchoring potency of first offers. Social Psychological and Personality Science, 5(4), pp.491-499.

[125] Cook, J., Supran, G., Lewandowsky, S., Oreskes, N. and Maibach, E., 2019. America Misled: How the Fossil Fuel Industry Deliberately Misled Americans about Climate Change.

[126] Herndon, T., Ash, M. and Pollin, R., 2014. Does high public debt consistently stifle economic growth? A critique of Reinhart and Rogoff. Cambridge journal of economics, 38(2), pp.257-279.

[127] Pandey, A.V., Rall, K., Satterthwaite, M.L., Nov, O. and Bertini, E., 2015, April. How deceptive are deceptive visualizations?: An empirical analysis of common distortion techniques. In Proceedings of the 33rd Annual ACM Conference on Human Factors in Computing Systems (pp. 1469-1478). ACM.

[128] Reynolds, G. (2011). Presentation Zen: Simple ideas on presentation design and delivery. New Riders.

[129] Berengueres J. What is the T-Algorithm? A case study to evaluate a new University. arXiv preprint arXiv:2011.00464. 2020 Nov 1.]

[130] Https://www.bbc.com/news/magazine-22223190]

www.ingramcontent.com/pod-product-compliance
Lightning Source LLC
Chambersburg PA
CBHW071125240526
45465CB00024B/1081